生态环境产教融合系列教材

绿色会展策划实务

主　编：毕会娜　李书毅

副主编：房　石　曹艺丹

　　　　马云龙　卫若兰

　　　　赵明明　张　鑫

中国环境出版集团·北京

图书在版编目（CIP）数据

绿色会展策划实务 / 毕会娜，李书毅主编 ；房石等
副主编. -- 北京 ： 中国环境出版集团，2025. 6.
ISBN 978-7-5111-6260-1

Ⅰ. G245

中国国家版本馆 CIP 数据核字第 20254WN778 号

责任编辑 范云平
封面设计 宋　瑞

出版发行　中国环境出版集团
　　　　　　（100062　北京市东城区广渠门内大街 16 号）
　　　　　　网　　　址：http://www.cesp.com.cn
　　　　　　电子邮箱：bjgl@cesp.com.cn
　　　　　　联系电话：010-67112765（编辑管理部）
　　　　　　　　　　　010-67113412（第二分社）
　　　　　　发行热线：010-67125803，010-67113405（传真）
印　　刷　北京建宏印刷有限公司
经　　销　各地新华书店
版　　次　2025 年 6 月第 1 版
印　　次　2025 年 6 月第 1 次印刷
开　　本　787×1092　1/16
印　　张　10.5
字　　数　200 千字
定　　价　49.00 元

生态环境产教融合系列教材编委会

（按拼音排序）

主　任：李晓华（河北环境工程学院）

副主任：耿世刚（河北环境工程学院）
　　　　张　静（河北环境工程学院）

编　委：曹　宏（河北环境工程学院）
　　　　崔力拓（河北环境工程学院）
　　　　杜少中（中华环保联合会）
　　　　杜一鸣［金色河畔（北京）体育科技有限公司］
　　　　付宜新（河北环境工程学院）
　　　　高彩霞（河北环境工程学院）
　　　　冀广鹏（北控水务集团）
　　　　纪献兵（河北环境工程学院）
　　　　靳国明（企美实业集团有限公司）
　　　　李印杲（东软教育科技集团）
　　　　潘　涛（北京泷涛环境科技有限公司）
　　　　王喜胜（北京京胜世纪科技有限公司）
　　　　王　政（河北环境工程学院）
　　　　薛春喜（秦皇岛远中装饰工程有限公司）
　　　　殷志栋（河北环境工程学院）
　　　　张宝安（河北环境工程学院）
　　　　张军亮（河北环境工程学院）
　　　　张利辉（河北环境工程学院）
　　　　赵文英（河北正润环境科技有限公司）
　　　　赵鱼企（企美实业集团有限公司）
　　　　朱溢镕（广联达科技股份有限公司）

生态环境产教融合系列教材

总　序

　　培养大批应用型人才是贯彻落实党中央、国务院关于教育综合改革决策部署的必要之举，产教融合是高等学校培养应用型人才的必由之路。2017 年，国务院办公厅印发《关于深化产教融合的若干意见》（国办发〔2017〕95 号），明确要求深化职业教育、高等教育等改革，发挥企业重要主体作用，促进人才培养供给侧和产业需求侧结构与要素全方位融合，培养大批高素质创新人才和技术技能人才。深入推进产教融合在解决教育链与产业链脱节问题，将最新理论和技术落实落地，打破产业发展瓶颈，提升高校应用型人才培养质量等方面具有重要意义。

　　教材作为知识的载体，体现了人才培养目标的要求，是开展教学的基本工具，更是人才培养质量的重要保证。面对应用型人才培养的要求，教材改革迫在眉睫。目前在应用型人才培养过程中普遍缺乏合适的教材，往往借用原有的普通本科教材，其教学要求、教学内容和教学模式，都不适用于强调实践能力的应用型人才培养，难以实现应用型人才的培养目标；有些应用型教材地域性过于明显，或不成体系，限制了学生对行业的整体性了解。因此，面对行业产业需求，将专业教育链与对应的产业链有机衔接，编写兼具适用性和实用性的应用型系列教材非常迫切，并具有重要的现实意义。

　　党的二十大提出建设人与自然和谐共生的现代化，2023 年 12 月，中共中央、国务院发布了《关于全面推进美丽中国建设的意见》，明确了要加快形成以实现人与自然和谐共生现代化为导向的美丽中国建设新格局。贯彻落实习近平生态文明思想，加快形成绿色低碳生产生活方式，把建设美丽中国转化为社会行为自觉，已成为新时代发展的必然趋势。高等学校是人才培养、文化传承的重要阵地，在美丽中国建设中，要承担起培养生态文明建设人才、传播生态文明思想、提高全民生态文明素质的重任。面对生态文明建设的新形势和美丽中国建设的明确要求，培养适应生态文明建设需要的应用型、复合型、创新型人才非常迫切。因为生态环境问题的交叉性、系统性和复杂性，在各行各业、生产生活各领域都存在生态环境问题，所以生态环境问题的解决不是某一个行业的事情。这样就使生态环境人才的培养具有两方面特点：一方面具有鲜明的应用型特点，要能够解决各行各业、各个领域的环境问题；另一方面具有交叉复合型特点，培养生态环境人才不仅仅是生态环境类专业独有的任务。因此，高等学校要站在将生态文明建设纳入"五位一体"总体布局的高度，将专业人才培养链与行业产业的生态环境需求有机衔接，培养生态文明建设需要的应用型人才。所以，尽快开发针对各行各业生态环境问题的产教融合系列教材迫在眉睫。

河北环境工程学院前身是中国环境管理干部学院，由中国环保事业的奠基者曲格平先生创建，是中国最早开展环境教育的高校之一。建校40余年来，学校历经环保干部轮训、环保局长岗位培训、成人高等教育、高职教育、本科教育，为环保事业源源不断地输送了大批中坚和骨干力量。学校在我国环保事业发展的各个阶段都发挥了重要作用，其发展历程见证了中国环境保护事业的发展历程，长期以来被誉为环保系统的"黄埔军校"。近几年，学校坚持应用型办学定位，以绿色低碳高质量发展需求为导向，优化学科专业结构，建设与行业产业需求有机衔接的专业集群；以产教融合为人才培养主要路径，建立产教融合协同育人的有效机制；以培养高素质应用型人才为根本目标，建立"跨学科交叉、校政企共育共管、多元协同促教"的应用型人才培养模式，改革课程体系和教育教学方法。其中，以课程建设为突破口，以产教融合应用型教材开发为抓手，针对生态环境类专业，梳理生态环保行业的需求，校企合作编写应用型教材；针对非生态环境类专业，梳理其对应的行业产业相应的绿色低碳发展需求，跨学科、跨行业校企合作开发相关教材。通过几年的实践探索，校企合作开发了这套生态环境产教融合系列教材，以期解决高等学校生态环境应用型人才培养缺乏适用教材的问题。

　　本系列教材以习近平生态文明思想为指导，坚持绿色低碳发展理念，覆盖多学科门类和行业产业领域，具有鲜明的生态环境特色。系列教材中的环境类专业课程教材，直接与生态环境保护产业链相关领域结合，培养服务生态环保行业的应用型人才；系列教材中的非环境类专业课程教材，针对其行业产业链中存在的生态环境相关问题，有针对性地将绿色低碳理念融入教材教学内容，奠定学生坚实的生态文明职业素养。在具体的教材建设环节，成立了由高校"双师型"教师及行业企业一线具有丰富生产经验的专家组成的教材编写组，充分发挥校企合作双主体优势，立足于企业现实岗位中的具体工作过程，采取案例式、任务式、项目式教学设计模式，将企业先进的生产技术、管理理念和课程思政等教育元素融入教材，真正实现教材内容与企业具体岗位的需要全面融合，全方位保证了教材的适应性。本系列教材填补了全国生态环境产教融合应用型系列教材的空白，可供各普通本科院校、职业院校的生态环境类专业学生使用；同时，对非生态环境类专业，应开设与生态环境相关的课程，也可选取系列教材中相关的教材使用。

前　言

在全球资源短缺和环境问题日益严峻的当下，绿色发展和低碳环保已成为各行各业的必然走向，会展行业也不例外。作为展示创新成果、促进交流与合作的重要平台，会展行业在推动经济和社会发展的同时，也带来了巨大的资源消耗和环境压力。近年来，绿色会展理念逐步渗透到会展行业的各个环节，从前期策划到具体实施，再到后期的效果评价，形成了一种更加环保和可持续的会展发展模式。绿色会展不仅是行业的一种发展趋势，更是会展行业践行社会责任的体现，是对全球可持续发展目标的有力支持与具体实践。

绿色会展的核心在于将环保理念贯穿策划和执行的各个环节，实现资源高效利用、减少对环境的负面影响。这不仅要求在策划阶段就考虑环保材料和节能设施的使用，还要在会展的每个环节实现节能降耗、废弃物减量和资源循环利用。本书正是针对这一需求，为会展专业的学生及行业从业者提供了一套科学、系统的绿色会展策划方法和实践指导，助力其在会展活动中更好地贯彻绿色理念，推动会展行业的可持续发展。

本书围绕绿色会展策划的核心要义，系统地展现了绿色会展的各个环节及其实现路径，涵盖了从理论基础到实践指导的完整内容。本书对绿色会展的基本概念、策划方法、市场调研与需求分析、项目实施、效果评价等方面展开详细讲解，引导读者全面理解绿色会展的内涵和实际操作步骤，进而形成科学、有效的绿色会展思维。

本书的一个突出亮点在于内容的系统性和科学性。本书不仅系统地呈现了绿色会展的完整路径，还结合典型案例的详细分析，梳理了国内外经典绿色会展项目的具体操作细节，如广交会、法兰克福书展、上海世博会等，通过这些案例帮助读者吸取有效的策略与方法。这些案例不仅有助于深刻理解绿色会展的核心要素，也为实践操作提供了丰富的参考，使策划者可以结合自身项目需求灵活运用，体现出理论与实践的双向支撑。

在策划方法上，本书提供了大量具有实操性的内容，覆盖从材料选择、会展设计、展台布局、能源管理到绿色交通、环保宣传等各个方面的内容。本书不仅详述了如何科学选择和使用可再生资源，还对节能设备、废弃物管理等实际操作提供了清晰的流程指导。例如，法兰克福书展的低碳交通方案、上海世博会的绿色展台设计等具体做法在书中一一展示，通过生动的案例和操作细节，帮助读者更直观地理解绿色会展策划的实际流程。这些内容有助于策划者在执行绿色会展时做到"无遗漏、易操作、效果好"，增强了策划方案的可行性和实施效果。

在数据分析与效果评价的章节中，本书引入了多维度的绿色会展评价模型，围绕环境保护、资源利用、社会效益等核心要素，详细阐述了绿色会展策划效果的科学评价方法。基于《大型活动可持续性评价指南》，本书为效果评价设置了多项具体指标，从碳中和、废弃物管理、社区参与到经济收益等方面展开系统评估，形成了从定性到定量、从主观反馈到客观数据的全面评估体系。这部分内容不仅为评价绿色会展项目的效果提供了科学依据，也为项目的改进和创新奠定了数据基础，使策划者能够依据真实数据进行动态调整和优化，达到更高水平的绿色会展管理目标。

在结构编排上，本书力求理论与实践紧密结合。每章内容既包含了系统的理论讲解，又配有丰富的实践案例分析，并辅以图表、流程图等形式展示复杂的策划和执行步骤，使内容更加直观、便于理解和操作。绿色会展策划的复杂性和创新性使得部分从业者在实际操作中可能面临不知如何下手的疑惑，为此，本书通过分步骤解析，帮助读者逐步完成从策划、组织、实施到评价的全过程，弥合理论与实践之间的鸿沟，以真正实现"学以致用"。

通过汇集国内外前沿的绿色会展经验，本书对未来绿色会展的发展也进行了前瞻性探讨。结合行业趋势分析和政策解读，本书展示了绿色会展如何在科技创新、社会责任和市场需求的推动下进一步发展，展望了智能化、数字化技术对绿色会展带来的积极影响。例如，通过智能管理系统实现能源高效使用、利用大数据优化会展资源配置等。这不仅使读者对未来绿色会展的可能性有了更全面的认识，也为策划者应对行业变化和挑战提供了战略参考，帮助他们更好地适应未来的会展市场需求和可持续发展的目标。

此外，作为校企合作的教材，本书在编写中邀请了中青旅博汇（北京）会展运营管理有限公司杨旸经理、北京绿色会展产业发展工作委员会董军主任、振威展览有限公司杨帆总经理等业内专家，他们对本书的编写理念提供了指导，并给予了大量案例支持，这种协作不仅增强了教材内容的实用性，也使教材更贴近会展行业的实际需求，为学生和从业人员提供了更具指导性的学习资源。

本书不仅是一部理论与实操相结合的工具书，也是一种对行业发展方向的深刻洞见。我们希望本书能为会展从业人员、会展策划者及学习者提供系统性、科学性的内容支持，帮助他们在会展策划中有效融入绿色发展理念，为行业的绿色转型注入新的活力，也为全球可持续发展贡献力量。

由于作者水平有限，书中难免有错误或不妥之处，敬请广大读者批评指正。

主　编

2025 年 3 月

目　录

项目1 认识会展与绿色会展

【学习目标】

1. 了解会展的概念及会展业对环境的影响
2. 掌握绿色会展的概念与核心要素
3. 了解绿色会展的发展现状及趋势
4. 认识碳中和与"双碳"目标
5. 培养环保意识与行动能力

【学习引导】

【回望广交会】绿色广交会发展历程

提出绿色展会概念

2012年第111届中国进出口商品交易会(以下简称广交会),外贸中心首次提出了"倡导低碳环保办展,打造国际一流绿色展会"的发展目标,鼓励特装施工企业参与节能环保评选活动,提倡使用新型环保可循环材料,提升设计、布展水平。2013年第113届广交会,外贸中心公布《关于推进广交会低碳环保发展的实施意见》,正式将交易团和商/协会两个机构列入推行绿色展会的行列之内,共同鼓励参展企业积极参与广交会低碳环保建设。

全面实施《广交会绿色发展计划》

2013年底,外贸中心向商务部呈报了《关于进一步推进广交会绿色发展的报告》,建议加快广交会绿色发展、推动广交会转型升级。2014年2月,商务部办公厅发文明确从第115届广交会开始全面实施《广交会绿色发展计划》,倡导绿色、环保、节能的办展理念,以节能降耗、减少污染、确保安全为主要目标,重点包括三项任务:一是加快推行绿色特装布展,提高绿色特装展位普及率,力争于第120届广交会绿色展位普及率达到100%;加快一般性展位展材更新,提高环保材料使用率,全面实现绿色布展、撤展。二是加快组展、现场管理和服务等环节信息化建设，提高无纸化办公水平。三是加快广交会展馆设备设施节能改造，降低水、电、气等资源和能源消耗。主要通过推行绿色布展、鼓励绿色参展、实施绿色撤展、倡导绿色会议、打造绿色展馆、关注健康安全、加强宣传培训七个途径来推进。在推进措施上，建立四方联动工作机制，出台业界首个可量化、可操作、可监督的《广交会绿色特装展位标准》，通过广交会网站、专题会议、培训、研讨、展示等方式和渠道进行政策引导和宣传推广，实行奖优罚劣。

2014 年，广交会推行绿色发展计划的行动全面展开，在外贸中心、全国各交易团、商协会、参展企业、施工企业的共同努力下，绿色展位普及率从第 115 届广交会的 50% 起，以每届 10% 的速度递增，仅用了不到三年时间，至第 120 届，广交会按计划圆满完成了绿色展位普及率达 100% 的目标，开创了国内会展业绿色发展先河，被一些业内人士誉为只有广交会才能实现的又一奇迹。

着力提升绿色发展质量

在巩固已有成果和实施绿色布展常态化的基础上，2017 年开始，广交会绿色发展进入全面提升质量的新阶段。第 121 届广交会，外贸中心启动实施《广交会绿色发展 2.0 计划》，打造广交会绿色发展升级版，致力于构建系统化、标准化、信息化、标杆化的广交会绿色发展体系，在理念引导、标准引领、全产业链联动、全流程管理等方面齐头并进，通过源头管控、过程监管和末端治理，提高专业展览型材普及率，强化展览固体废物分类处理，积极参与国家和国际绿色标准制定，探索建立科学合理的绿色展会指标体系，强化广交会绿色发展品牌宣传，全面提升绿色发展参与者的社会责任感，营造绿色会展生态圈。

绿水青山就是金山银山，建设生态文明是中华民族永续发展的千年大计。广交会作为国内第一个提出并逐届探索、成功实践绿色发展的展会，以其前瞻性和首创性树立了行业标杆，不仅推动了自身的可持续发展，也为我国会展业高质量发展提供了可供借鉴的绿色发展方案。下一步，广交会将一如既往地履行社会责任，为打造绿色会展、建设美丽中国继续作出贡献。

资料来源：https://www.cftc.org.cn/article/5717.html。

思考：广交会作为中国乃至全球的重要贸易展览会，通过积极推进绿色发展，不仅提升了自身的环保形象，也为其他展会树立了绿色发展的标杆。绿色会展是全球展览行业的一个重要趋势，也是实现可持续发展的重要手段之一。通过创新和实践，绿色会展可以在保护环境、促进经济发展和社会进步等方面发挥积极作用。在政府的政策支持和市场需求的推动下，绿色会展未来将会迎来更加广阔的发展前景。

【任务认领】

随着全球经济的发展和环保意识的增强，绿色会展作为一种可持续发展的会展形式越来越受到重视。绿色会展不仅能减少对环境的负面影响，还能提高资源利用效率，推动经济和社会的协调发展。作为未来的专业人才和社会的一员，学生们有责任和义务积极传递绿色会展的理念，促进会展行业的绿色转型。

【任务要求】

宣传绿色会展理念：利用多种渠道和方式，向身边的同学、朋友和家人宣传绿色会展理念。创作并发布关于绿色会展的宣传材料，如海报、文章、视频等。

实践绿色会展理念：参与或组织校园内外的绿色活动，如环保讲座、绿色展览、环保志愿者活动等。在日常生活和学习中践行绿色理念，倡导环保行为。

1.1 会展及会展业

1.1.1 会展

会展（Meetings，Incentives，Conferences，Exhibitions，MICE），是指包含会议（Meetings and Conferences）、奖励旅游（Incentives）、展览（Exhibitions）与活动（Events）的产业。其概念内涵是指在一定地域空间，许多人聚集在一起形成的、定期或不定期、制度或非制度的传递和交流信息的群众性社会活动。其概念的外延包括各种类型的博览会、展销活动、大型会议、体育竞技运动、文化活动、节庆活动等，即指围绕特定主题多人在特定时空的集聚交流活动。狭义的会展仅指展览会和会议；广义的会展是会议、展览会、节事活动和奖励旅游的统称。会议、展览会、博览会、交易会、展销会、展示会等是会展活动的基本形式，世界博览会为最典型的会展活动。

1.1.2 会展业

会展业是指以会展活动为核心的产业，涵盖了展览、会议、博览会、展销会等各种形式的综合性活动。会展业作为一种特殊的服务业，以其交流、展示、合作和推广等功能，成为促进经济发展、文化传播、产业升级和国际交流的重要平台。

1.1.3 会展业的主要特征

多元化的活动形式。会展业包括展览、会议、博览会、展销会等多种形式的活动，针对不同的目的和受众群体。

综合性的活动内容。会展活动内容广泛，涵盖各个行业领域的产品、技术、服务，以及文化、艺术、科技等方面的展示和交流。

双向互动的特点。会展活动是参展商和观众之间双向互动的平台，不仅是信息的传递和展示，也是业务的合作和交流。

促进经济发展和文化交流。会展业不仅是推动产业发展和经济增长的重要手段，也是促进文化传播和国际交流的重要平台。

对城市发展的推动作用。会展业是城市经济的重要组成部分，对城市产业结构、旅游业发展和城市形象提升具有重要影响。

综合来看，会展业作为一种综合性的服务业，具有广泛的社会经济影响和发展前景，是一个充满活力和潜力的产业领域。

1.1.4　会展业对环境的影响

会展业作为一种重要的经济活动，与城市发展密不可分，但会展业的发展也带来了显著的环境负担。随着全球经济的增长和会展规模的扩大，能源消耗、废弃物产生、交通拥堵等问题日益突出。这些问题不仅对城市环境和居民生活造成了负面影响，也对会展业的可持续发展提出了挑战。

（1）能源消耗问题

在会展活动中，大量的电力、照明、空调等设备需要持续运行，这些设备的能源消耗不仅会增加会展成本，也对环境造成不利影响。据统计，会展业的能源消耗占全球总能源消耗的1%以上，其中电力消耗占比最高，达70%以上。因此，如何降低会展业的能源消耗是当前亟待解决的问题之一。

例如，某国际大型电子展会使用了大量高功率灯具和空调设备，以确保展品展示和场馆温度适宜。这不仅造成了巨大的电力消耗，也增加了温室气体排放，导致了严重的环境影响。实际上，采用节能设备和智能控制系统可以有效减少能源消耗。某些现代化展览馆通过安装LED节能照明和智能空调系统，成功将能源消耗降低了30%。

（2）废弃物问题

会展活动中往往会产生大量废弃物，如展览布置、餐饮服务、礼品赠送等过程中产生的废弃物。这些废弃物的处理不仅增加了城市垃圾处理的负担，还对环境造成不良影响，如污染土地、水源和空气。

在某国际食品展览会上，产生了大量一次性餐具和包装材料，这些废弃物不仅堆积如山，还难以回收处理，给城市垃圾处理系统带来了巨大压力。解决方案：实施废弃物管理计划，推广可重复使用的材料和产品。某环保主题展览会通过使用可重复利用的展台材料和鼓励参展商使用可降解包装，成功减少了 80%的废弃物。

（3）噪声污染和交通拥堵问题

会展活动通常会带来大量人流和物流，导致周边地区的交通拥堵和噪声污染。这些问题不仅影响居民的生活质量，也影响会展活动的顺利进行。

在某大型国际展会期间，展览中心周边道路经常处于严重拥堵状态，噪声污染也对周边社区造成了困扰，居民频频投诉。实际上，通过合理规划交通和采取噪声控制措施可以缓解这些问题。例如，某国际会议中心通过设置专门的交通引导标识、优化公交线路和提供接驳车服务，有效缓解了交通压力。此外，使用低噪声设备和安装噪声屏障也显著降低了噪声污染。

会展业的快速发展在带来经济效益的同时，也给环境带来了多方面的压力。能源消耗、废弃物处理、噪声和交通拥堵问题不仅影响城市环境和居民生活质量，也对会展业的可持续发展提出了挑战。因此，绿色会展的发展势在必行，通过采取一系列环保措施，降低能源消耗、减少废弃物、优化交通和噪声管理，可以有效减轻会展业对环境的负面影响，实现经济、社会和环境的协调发展。

1.2　绿色会展概述

1.2.1　绿色会展定义

20 世纪 90 年代以来，随着国际社会对环境问题的日益关注以及可持续发展观的形成，欧美等成熟会展产业国家和地区逐渐意识到会展活动对环境的影响，美国国家环境保护局（United States Environmental Protection Agency，USEPA）于 1996 年制定了首个会展相关的绿色指南——《环境友好型会展指南》（*Environmentally Aware Meetings and Events*）。该指南列举了会展活动所带来的环境影响，分析了绿色会展所具有的优势，并提出了一系列"绿色会展清单"，如减少废弃物排放、节约能源以及不同交通、住宿、食品选择等，由此拉开了全球绿色会展实践的序幕（EPA，1996）。近年来，新西兰、德国、加拿大等国家也相继制定了相应的绿色会展指南（GC，2013；MENZ，2010；GCB，2013）。此外，会展行业委员会（Convention Industry Council，CIC）、国际生态旅游协会（Eco-club）、联合国环境规划署（United Nations Environment Programme，UNEP）、国际化标准组织（International Standards Organization，ISO）、绿色环球组织（Green Globe，GG）、全球报告倡议组织（Global Reporting Initiative，GRI）等国际组织和机构也都制定和颁布了相关的绿色会展标准（Graci & Dodds，2008；UNEP，2009；ISO，2012；CIC，2012；GRI，2012；GG，2012）。与此同时，为响应绿色会展的实践，一些研究人员开始了针对绿色会展理论的探索，并形成了一些共识。例如，会展活动对全球环境具有重要影响（Kundzewicz et al.，2008）；绿色会展具有重要的经济价值与环境效益（Scofidio，2009）；会展组织者可以通过交通管理、食宿安排、场馆选择、现场管理等方式进行绿色会展的管理实践（Kovaleski，2013）等。但总体来说，有关绿色会展的理论研究与实践尚处于起步探索阶段，缺乏针对绿色会展概念与实践的系统讨论。无论是社会公众还是学术界，当前对绿色会展概念的理解尚不清晰，对于各种不同的绿色评价标准也存有困惑，绿色会展管理的实践也存在局限性。

基于上述背景，本书通过对相关文献的分析以及实践案例的收集与整理，从经济、环境、社会的综合视角，就绿色会展的概念、评价标准、管理实践等问题进行分析，力求为未来该领域的理论研究与发展实践提供基础。

国外对于绿色会展的研究相对较早，也较为成熟。目前，国际上关于绿色会展概念的界定，主要是从五个不同维度进行解释：第一，从会展活动对地区的多重效应出发，认为应从会展活动所产生的经济、社会与环境效应方面来定义。第二，关注会展的可持续发展能力，这是更注重绿色会展活动在组织运营过程中的长期影响。根据这两个维度，最具代表性的定义是，让会展活动能满足经济、环境和社会三大目标，并组成可持续发展的三条底线法则。第三，从会展不同利益群体角度出发，认为在定义绿色会展时，应把不同利益相关者的内外部利益，尤其是核心利益群体考虑在内。由此，唐纳德·盖茨（2019）认为，绿色会展应从利益相关者出发，使他们的整体价值最大化。第四，关注处理好会展利益相关者之间关系的方法和模式。第五，从会展网络与组织角度，认为绿色会展就是会展利益相关者通过价值交换来实现各自价值提升的过程（表 1-1）。

表 1-1 绿色会展的主要解释

视角	作者	定义
多重效应	德国会议局与会展产业理事会（GCB）	一种在会展计划、执行和撰写书面文件的整个过程中贯彻绿色发展的方式，要求会展的所有利益相关者都落实环境友好的各项要求
可持续性	贝兹（Belz）等	在计划、执行和控制营销资源和项目时，不仅要满足消费者的需要，还要考虑社会效益和环境效益，满足可持续发展原则，根据市场机会和风险制定发展方向（以市场为导向的行动），追求保护环境（环保导向行动），并且承担社会责任（社会导向行动）
利益相关者	盖兹（Getz）等	一种创造、交流、传递和交换信息的活动、制度和过程，对消费者、客户、合作伙伴和社会具有最大价值
利益相关者关系	格罗鲁斯（Grönroos）	建立、维持和加强与消费者、合作伙伴和社会上的利益相关者之间的关系，通过保护环境的目标来满足相关群体的需要
网络	科特勒（Kotler）等	个人或集体通过创造、提供以及自由地与他人交换物品和服务价值的一种社会过程

国内对于绿色会展的研究相对较少，研究时间也较晚，但仍有一些学者提出了自己的见解。马志新（2014）从借鉴"绿色饭店"、"循环经济"和"建设绿色会展"三个角度出发，定义绿色会展为在遵循循环经济理论的基础上，综合考虑会展活动所涉及的各个方面，包括会址、服务、餐饮、住宿、交通、活动和材料供应等，把会展活动的资源节约化与环境友好化作为一项系统工程，实现合理开发和利用各种资源以及保护环境。蔡萌等（2015）受到国外绿色会展五个维度的启发，认为绿色会展是按照会展利益相关者各自的需求，将可持续发展的社会、经济以及环境三大方面考虑在内的一种会展可持续发展模式，通过这种模式，可以实现会展价值的最大化。

本书将绿色会展定义为：在会展活动的策划、组织、实施和管理过程中，全面融入环保理念和可持续发展原则，以减少对环境的负面影响，优化资源利用效率，并促进经济、社会与环境协调发展的一种现代会展形式。它涵盖了从场馆选择、展台搭建、参展商和观众管理，到废弃物处理等各个环节的绿色实践。

1.2.2 绿色会展的核心要素

（1）环境保护

在会展的各个环节中采取措施减少能源、水和材料的消耗，如选择节能设备、推广电子门票和电子宣传材料等。此外，通过严格管理废弃物、噪声和污染物排放，确保会展活动对环境的影响降到最低。

（2）资源节约

通过优化资源利用，提高资源使用效率，减少资源浪费。例如，选择可重复使用的展台材料，鼓励参展商和观众使用公共交通工具等。

（3）可持续发展

推动会展行业的可持续发展，通过循环经济模式促进资源的循环利用，并采用可再生能源，如太阳能和风能，以降低碳排放。

（4）社会责任

确保会展场所符合健康和安全标准，为参展商和观众提供一个安全、健康的环境。同时，积极与会展举办地的社区合作，推动当地经济发展，并关注社区的利益和需求。

1.3 绿色会展的发展现状及趋势

1.3.1 绿色会展的发展现状

随着全球环境保护意识的提高和绿色经济的崛起，绿色会展已经成为全球展览行业的一个重要趋势。根据国际展览业协会的数据，目前全球每年举办的绿色会展已超过

5000 场，覆盖了环保、新能源、可持续发展等领域。在我国，自 2021 年《中国落实 2030 年可持续发展议程进展报告（2021）》发布以来，绿色会展得到了政策的支持和鼓励。根据国家对外贸易中心的数据，我国每年举办的环保展览会超过 2000 场，其中包括"中国环保展""中国新能源车展""中国太阳能光伏展"等重要活动。此外，近年来，国家在生态环保领域的政策和投资也为绿色会展提供了更有利的发展环境。

目前，绿色会展的发展呈现蓬勃的态势，得到了越来越多的国家和地区的关注和支持。以下是绿色会展发展现状的一些关键点：

绿色会展的全球关注度提升。随着环保意识的提升和可持续发展理念的普及，绿色会展得到了国际社会的广泛关注。越来越多的展览和会议开始重视环保和可持续性，将绿色理念融入会展策划和实施中。

绿色会展得到政策支持。许多国家和地区出台了相关政策和法规，鼓励和支持会展行业向绿色、低碳方向发展。政府在场馆建设、能源利用、废物处理等方面提供政策支持和财政激励，推动会展行业的绿色转型。

行业内部倡导绿色会展。国际会展行业协会和组织积极倡导绿色会展理念，制定了一系列绿色标准和指南，引导从业者遵循环保原则，推动行业可持续发展（表 1-2）。

表 1-2　绿色会展的主要评价标准

序号	名称	发布机构	主要内容
1	Green Global Standard	绿色环球组织（Green Globe）	涵盖可持续管理、社会与经济、文化遗产、环境保护四个方面
2	Event Sustainability Management Systems（ISO 20121：2012）	国际标准化组织（ISO）	要求会展运营的各个环节均需体现可持续原则，如招展、组织、现场服务、交通运输等
3	Green Meeting Standard	APEX，ASTEM	包含目的地、餐饮住宿、营销、展品及运输、场馆及设备等，每项又包括废弃物、能源、空气质量、水源、环境政策等 8 个指标
4	可持续发展报告指南（G3.1）	全球报告倡议组织	包括环境指标、产品指标、经济指标、人力资源指标、社会责任、资源与遗产等多个绩效指标
5	绿色展台评价指南（GB/T 41129—2021）	国家市场监督管理总局、国家标准化管理委员会	用于评价展台搭建是否绿色化，包括绿色展台评价的原则、指标和程序，设置了再使用/可循环类指标、减量化类指标、环境友好类指标和功能实现类指标
6	绿色博览建筑评价标准（GB/T 51148—2016）	住房和城乡建设部、国家质量监督检验检疫总局	包括节地与室外环境、节能与能源利用、节水与水资源利用、节材与材料资源利用、室内环境质量、施工管理、运营管理等方面
7	大型会议展览活动低碳评估规程（T/CECRPA001—2022）	中国生态文明研究与促进会	包括低碳评估的要求、原则和实施流程，分为前期碳排放评价、中期核算、后期中和三个阶段实施，以及低碳评估结论

序号	名称	发布机构	主要内容
8	绿色展览运营指南 （GB/T 42496—2023）	国家市场监督管理总局、国家标准化管理委员会	从主（承）办单位、参展商、展览场馆运营方和展览服务商四个角色分类制定了运营要点

技术创新推动绿色会展的发展。科技的发展使得各种新技术在绿色会展中得到广泛应用。智能化、数字化、虚拟现实等新技术为会展提供了更多创新和环保的可能性，提升了参展体验和效果。

会展企业积极承担社会责任。越来越多的企业和组织将社会责任纳入会展策划和实施，积极倡导绿色环保理念，推动社会各界关注环境保护和可持续发展。

绿色会展市场呈增长趋势。随着消费者对环保产品和服务的需求增加，绿色会展市场逐渐扩大。越来越多的企业和品牌选择参加绿色会展，展示其环保产品和技术，以获取市场认可和竞争优势。

总的来说，绿色会展在各方共同努力下，展示出蓬勃的发展态势，受到政府、行业、企业和消费者的广泛支持。未来，绿色会展将继续在推动环保和可持续发展方面发挥重要作用，为建设更加美好的未来作出贡献。

1.3.2　绿色会展的发展趋势

随着全球经济的发展和环保意识的增强，绿色会展的前景愈加广阔。绿色会展的发展趋势主要包括以下几点：

（1）多样化的主题和形式

随着环保和可持续发展理念的深入人心，绿色会展的主题变得更加多样。未来，绿色会展将不局限于环保和新能源领域，还会涵盖健康、安全、社会责任等多方面内容。例如，2019 年的德国柏林国际绿色环保周不仅展示了农业和食品领域的可持续发展，还包括健康和营养主题。此外，绿色会展的形式也将更加多样化，包括线上展览和虚拟展馆等。例如，2020 年受新冠疫情影响，CES（国际消费电子展）转为全线上展览，展现了虚拟展会的潜力。

（2）科技的应用与创新

随着科技的不断进步，绿色会展将更加注重科技的应用与创新。智能展示和虚拟现实等技术将被广泛应用，为观众提供更加身临其境的展览体验。例如，2021 年汉诺威工业博览会利用 VR 技术提供虚拟参观体验，使全球观众能够沉浸在展览中。同时，区块链、人工智能等新兴技术也将被引入，为展商和观众提供更多服务和增值功能。例如，区块链技术在会展中的应用，可以通过智能合约简化交易流程，提升透明度和安全性。

（3）可持续性与低碳化

未来，绿色会展将更加关注可持续性与低碳化。绿色建筑和可再生能源将在会展中广泛应用，展馆的运营也将更加环保和节能。例如，阿姆斯特丹 RAI 会展中心通过安装太阳能电池板和采用绿色屋顶，实现了能源的自给自足。此外，碳中和、碳减排等低碳技术也将在绿色会展中得到广泛应用，支持展览行业的可持续发展。例如，2021 年的第26 届联合国气候变化大会（COP26），致力于实现碳中和，通过各种低碳措施减少会议的环境影响。

1.3.3 数字化技术在绿色会展中的应用

（1）人工智能在绿色会展中的应用

人工智能是一种模拟人类智能的计算机系统，能够开展感知、推理、学习和决策等活动，已广泛应用于各行各业。在绿色会展中，人工智能可以帮助会展组织和展商更好地控制能源消耗和废弃物产生，减少对环境的污染和破坏。

人工智能可以通过数据分析和预测减少会展活动的能源消耗。举办会展活动需要大量的能源供应，包括电力、水源、燃气等。通过数据分析，人工智能能够预测会展活动的能源需求，帮助会展组织和展商更好地规划和控制能源消耗，减少能源的浪费。此外，人工智能可以通过智能化控制和管理减少会展活动的废弃物产生。会展活动中产生的废弃物，如纸张、塑料、餐具等，对环境造成了很大的负担。人工智能的应用，例如，在展馆中安装智能垃圾桶，可根据废弃物的种类自动分类，并通过压缩减少废弃物的体积，从而降低环境污染的风险。

（2）大数据在绿色会展中的应用

大数据是指海量、复杂、多样化的数据集合，需要借助计算机和数学模型等技术进行分析和应用。在绿色会展中，大数据可以帮助会展组织和展商更精准地掌握市场需求和参展人群的行为，提高会展活动的效益和环保水平。

大数据可以帮助会展组织和展商深入了解市场需求。通过对市场数据的分析和研究，可以了解市场的发展趋势、需求特点和参展人群的具体需求。基于这些分析结果，会展组织和展商可制定更符合市场需求的会展方案，增强会展活动的吸引力和参与度。此外，大数据还可以帮助会展组织和展商更好地掌握参展人群的行为。通过对参展人群行为数据的分析，可以了解他们的兴趣爱好、消费行为和参展意愿。据此，会展组织和展商可以优化会展方案和展品，提高参展人群的满意度和参与度，降低环境污染的风险。

（3）物联网在绿色会展中的应用

物联网是指通过互联网和其他通信技术连接各种设备和物品，实现设备之间的通信和数据共享的一种技术。在绿色会展中，物联网可以帮助会展组织和展商更好地控制资源消耗和废弃物产生，提高会展活动的效益和环保水平。通过在展馆中安装传感器和智能控制设备，物联网可以实时监测和控制电力、水资源等的消耗，达到节能、环保的目的。例如，智能控制设备可以调节展馆的空调、照明等，实现对能源的有效利用，减少能源浪费。物联网还有助于减少会展活动中废弃物的产生。此外，通过智能回收设备，还可以将废弃物回收再利用，实现资源的有效利用和环境保护。

（4）其他技术在绿色会展中的应用

除了上述技术，还有一些其他技术在绿色会展中发挥作用。例如，生物技术可以用于监控和控制会展活动中的生物危害物质，保护参展人员的健康和安全；材料科学技术可以帮助会展组织和展商选择环保、可再生的材料，降低环境污染的风险；能源存储技术则能够有效地储存和利用能源，提高能源的利用效率、节约能源成本。

【知识小结】

会展（Meetings，incentives，conferences，exhibitions，MICE），是指包含会议（Meetings and Conferences）、奖励旅游（Incentives）、展览（Exhibitions）与活动（Events）的产业。是指在一定地域空间，许多人聚集在一起形成的、定期或不定期、制度或非制度的传递和交流信息的群众性社会活动。

会展业是指以会展活动为核心的产业，涵盖了展览、会议、博览会、展销会等各种形式的综合性活动。会展业作为一种特殊的服务业，以其交流、展示、合作和推广等功能，成为促进经济发展、文化传播、产业升级和国际交流的重要平台。

绿色会展是指在会展活动的策划、组织、实施和管理过程中，全面融入环保理念和可持续发展原则，以减少对环境的负面影响，优化资源利用效率，并促进经济、社会与环境协调发展的一种现代会展形式。

【案例】

德国柏林国际绿色环保周

德国柏林国际绿色环保周（Internationale Grüne Woche Berlin，IGW）创办于 1926 年，是全球历史最悠久、规模最大的农业、食品和园艺展览会之一。该展会每年 1 月在德国首都柏林举办，吸引了来自世界各地的展商和观众。近年来，IGW 逐渐成为展示和推广绿色、环保、可持续发展理念的重要平台，成为绿色会展的典型代表。

柏林国际绿色环保周始终坚持绿色、环保、可持续发展的理念。在展会的策划、组织和实施过程中，IGW 注重从多个方面贯彻绿色理念，努力减少对环境的负面影响，并推动农业和食品行业的绿色转型。

（1）具体实施措施

绿色建筑与场馆：IGW 在选择展览场馆时，优先考虑符合绿色建筑标准的场地。柏林展览中心作为 IGW 的主要举办地，采取了多项节能环保措施，如使用节能照明系统、自然通风设计和高效空调系统。此外，展馆屋顶安装了太阳能电池板，利用可再生能源为展会提供部分电力。

绿色展示与产品：IGW 鼓励参展商展示绿色、环保和可持续发展的产品。展会设置了专门的绿色展区，集中展示有机食品、可再生能源、环保包装和生态农业技术。例如，来自世界各地的有机农产品、无公害蔬果、可降解包装材料和节能农业设备等，吸引了大量关注。

废弃物管理：IGW 高度重视废弃物管理，采取多种措施减少废弃物的产生，并促进废弃物的分类和回收。展会期间，设置了大量分类垃圾桶，明确标识可回收和不可回收物品。通过与专业废弃物处理公司合作，确保展会产生的垃圾能够得到科学合理的处理和回收。

节能与资源利用：在展会的各个环节，IGW 努力提高资源利用效率，减少能源消耗。展馆内广泛使用 LED 节能照明，替代了传统的高耗能灯具。鼓励参展商和观众使用公共交通工具，减少交通排放。此外，展会推广使用电子门票和电子宣传材料，减少纸张和印刷品的使用。

环保宣传与教育：IGW 不仅是一个展示平台，也是传播环保理念和知识的教育平台。展会期间，设立了多个环保主题展示区，通过展板、模型、互动体验等方式，向参展商和观众普及环保知识，推广绿色生活方式。同时，还举办了多场环保讲座和论坛，邀请专家学者分享最新的绿色发展趋势和技术。

（2）成效与影响

环境效益：通过实施一系列绿色措施，IGW 显著减少了展会对环境的负面影响。展会期间，能源消耗降低了 30%，废弃物回收率超过 70%。此外，通过推广绿色产品和技术，推动了农业和食品行业的绿色转型。

经济效益：坚持绿色发展理念不仅提升了 IGW 的品牌形象，也吸引了众多环保企业和环保组织参展。展会的影响力和吸引力进一步增强，参展企业和观众数量逐年攀升，带动了相关产业的发展和经济效益的提升。

社会效益：IGW 积极传播绿色理念，提升了公众的环保意识和社会责任感。展会期间，通过丰富的环保宣传和教育活动，增强了公众对绿色生活方式的认知，促进了环保行为的普及。

资料来源：https://wb.beijing.gov.cn/home/yhcs/sjyhcs/zxdt/202403/t20240305_3580729.html.（作者根据资料改编）

案例分析：德国柏林国际绿色环保周通过系统化、标准化和多样化的绿色措施，成功打造了一个可持续发展的绿色会展平台。其在绿色建筑、绿色展示、废弃物管理、节能与资源利用、环保宣传与教育等方面的实践，为全球会展行业提供了宝贵的经验和示范。IGW 不仅实现了自身的绿色转型，也为推动农业和食品行业的绿色发展作出了重要贡献。未来，随着环保理念的不断深入，IGW 将继续发挥其引领作用，推动全球会展行业向绿色、可持续方向发展。

【任务测试】

1. 什么是会展业？会展业对环境有哪些影响？
2. 绿色会展的概念是什么？其核心要素包括哪些？
3. 绿色会展目前的发展现状如何？未来的发展趋势是什么？
4. 什么是碳中和和"双碳"目标？它们与绿色会展有什么关系？
5. 如何培养环保意识与行动能力？在绿色会展中，个人和组织可以采取哪些具体行动来实现环保目标？

【任务拓展】

认识碳中和与"双碳"目标

碳中和是指通过减少温室气体的排放和将已排放的温室气体从大气中移除，使温室气体的净排放量为零或接近零的状态。这一概念源于对气候变化和全球变暖问题的应对，旨在降低人类活动对气候系统的影响，减缓全球变暖的进程。

实现碳中和主要包括两个方面：

减排（Reduce）：减少温室气体的排放是实现碳中和的首要步骤之一。这可以通过以下措施来降低排放源的温室气体排放量。

提高能源利用效率：改善能源使用效率，减少能源浪费。

使用清洁能源：转向可再生能源，如太阳能、风能等，减少对化石燃料的依赖。

优化生产工艺：采用更清洁、更高效的生产技术和工艺，减少排放。

吸纳或抵消（Remove or Offset）：除了减少排放，还可以通过吸纳或抵消已经排放的温室气体，以达到净零排放或负排放的目标。这可以通过以下方式实现：

生态系统恢复和保护：通过植树造林、湿地恢复等生态工程，增加植被吸收二氧化碳。

碳汇项目投资：投资支持碳汇项目，如森林保护项目或海洋保护项目，以吸纳大量的温室气体。

购买碳排放配额：在碳交易市场上购买碳排放配额或碳减排证书，以抵消企业或个人的碳排放。

"双碳"目标（Dual Carbon Goals），即中国明确提出的 2030 年前"碳达峰"与 2060 年前"碳中和"目标。

2020 年 9 月 22 日，习近平主席在第七十五届联合国大会一般性辩论上发表重要讲话，指出应对气候变化《巴黎协定》代表了全球绿色低碳转型的大方向，是保护地球家园需要采取的最低限度行动，各国必须迈出决定性步伐。中国将提高国家自主贡献力度，采取更加有力的政策和措施，二氧化碳排放力争于 2030 年前达到峰值，努力争取 2060 年前实现碳中和。

资料来源：https://www.ndrc.gov.cn/wsdwhfz/202111/t20211111_1303691_ext.html。

任务：某国际会展中心制订了碳中和计划，旨在降低其运营过程中的温室气体排放量，并通过碳抵消措施实现净零排放。请为该计划拟定具体措施，可以从能源转型、节能减排、碳抵消项目、环境宣传教育等方面考虑。

【实训】

撰写一份学习报告，标题为"绿色会展学习与实践报告"，内容包括对绿色会展的理解、学习的收获、实施绿色会展理念的心得体会等。

1. 具体做法

研究与学习：查阅并学习相关文献、资料，了解绿色会展的基本概念、核心要素和典型案例。可以参考教材中的内容，以及广交会等绿色会展的实际案例。

宣传与推广：制作宣传材料，如设计环保主题的海报、制作宣传视频或撰写文章，内容应包括绿色会展的定义、重要性、实施措施等。

社交媒体传播：利用微信、微博、抖音等社交媒体平台发布宣传材料，扩大绿色会展理念的影响力。

线下宣传活动：在校园内组织绿色会展主题的讲座、讨论会或展览，邀请同学参与并分享绿色理念，增强活动的互动性和参与度。

2. 参与和实践

组织绿色活动：与学校社团或环保组织合作，策划并举办与绿色会展相关的活动，如环保知识竞赛、绿色市集等。

志愿者活动：积极参加社区或城市的环保志愿者活动，如垃圾分类宣传、植树活动等，身体力行地支持环保事业。

绿色生活：在日常生活中践行绿色理念，如节约用水、减少使用一次性用品、参与垃圾分类等，以实际行动支持环保。

3. 任务成果

宣传材料：制作并展示绿色会展理念的宣传海报、视频或文章。

活动记录：记录并分享参与或组织的绿色活动的过程和成果，包括活动照片、视频、活动总结等。

4. 评价标准

内容准确性：宣传材料和学习报告内容准确无误，能够清晰传达绿色会展的理念和重要性。

创意与效果：宣传材料设计新颖，能够吸引他人的关注并有效传递绿色理念。

参与度与影响力：积极参与和组织绿色活动，活动效果显著，能够带动更多人参与环保实践。

参考文献

[1] United States Environmental Protection Agency. Environmentally aware meetings and events：A guide to sustainable practices[S]. 1996.

[2] International Organization for Standardization. ISO 20121：2012 event sustainability management systems—requirements with guidance for use[S]. Geneva：ISO，2012.

[3] Government of Canada. Green meeting guide[R]. 2013.

[4] Ministry for the Environment New Zealand. Green meeting guide[R]. 2010.

[5] German Convention Bureau. Sustainable meetings and events[R]. 2013.

[6] Green Globe. Green Globe certification standard[S]. 2013.

[7] Global Reporting Initiative. Sustainability reporting guidelines[R]. 2012.

[8] GRACI S，DODDS R. Sustainable tourism in island destinations[M]. London：Earthscan，2008.

[9] KUNDZEWICZ Z W，GIANNAKOPOULOS C，SCHWARB M，et al. Climate change and its impacts[M]. Geneva：IPCC，2008.

[10] SCOFIDIO B. Economic benefits and environmental performance of green events[M]. New York：Routledge，2009.

[11] KOVALESKI S. Managing green events：A practical guide[M]. London：Earthscan，2013.

[12] BELZ G，PIETERS R. Sustainable marketing：Conceptual frameworks and cases[J]. Journal of Marketing

Management，2012，28（5）：672-685.

[13] GRÖNROOS C. Relationship marketing：Concept，process and management[J]. Journal of Marketing，1996，59（3）：12-25.

[14] [加]唐纳德·盖茨. 活动研究：理论与政策（原书第 2 版）[M]. 刘大可，于宁，刘畅，蒋亚萍，译. 重庆：重庆大学出版社，2019.

[15] 国家市场监督管理总局，国家标准化管理委员会. GB/T 41129—2021 绿色展台评价指南[S]. 北京：中国标准出版社，2021.

[16] 国家市场监督管理总局，国家标准化管理委员会. GB/T 42496—2023 绿色展览运营指南[S]. 北京：中国标准出版社，2023.

[17] 蔡萌，格林斯·迈克凯恩，唐佳妮. 国际绿色会展的概念与实践评述[J]. 上海对外经贸大学学报，2015，22（4）：37-47.

[18] 马志新. 国内外绿色会展研究综述[J]. 旅游纵览（行业版），2014（4）.

项目 2 会展策划的基本知识

【学习目标】

1. 熟悉会展策划的含义和功能
2. 了解会展策划发展简史和现阶段发展情况
3. 学习会展策划的基本流程
4. 明确会展相关活动分类，理解活动策划的重要性和应遵循的原则

【学习引导】

中国国际进口博览会

中国国际进口博览会（China International Import Expo，CIIE，以下简称进博会），作为中国对外开放的重要窗口，自 2018 年首届举办以来，已成为全球共享中国市场机遇的重要平台。第三届进博会于 2023 年 11 月 5 日至 10 日在上海国家会展中心成功举办，由中华人民共和国商务部和上海市人民政府联合主办。此次展会以"新时代，共享未来"为主题，汇聚了来自全球的数千家参展商，涵盖了智能科技、汽车、医疗器械、食品和农产品等多个行业领域。参展商们不仅展示了各自领域的前沿产品和技术，还通过多场论坛和贸易洽谈活动，探讨了全球贸易的新趋势和合作机会。

第三届进博会的规模和影响力进一步扩大，展览面积超过 36 万 m^2，吸引了来自约 150 个国家和地区的参展商。展会期间，不仅有众多世界 500 强企业和行业龙头企业参展，还有不少中小企业也带来了他们的创新成果。进博会不仅为国际企业提供了展示自身优势、拓展中国市场的平台，同时为中国企业和消费者带来了更多的国际选择和机遇。此外，进博会期间举办的政策解读、行业趋势分析等活动，为参展商和观众提供了深入了解中国市场和国际经济发展的宝贵信息。

作为中国推动全球贸易和经济全球化的举措之一，进博会的成功举办体现了中国进一步扩大开放的决心。展会结束后，主办方对参展商和观众的反馈进行了收集和分析，对展会的效果进行了全面评估。这些反馈和评估结果将为下一届进博会的策划和组织提

供宝贵的参考和改进方向。进博会的持续举办，不仅促进了国际贸易和投资合作，也为全球经济的复苏和发展贡献了中国力量。

资料来源：https://www.ciie.org/zbh/index.html。（作者整理）

思考：进博会作为会展策划的典范，引发了对会展策划多维度的思考：它强调了全球化视野和政策导向的重要性，突出了明确主题的引领作用和资源整合的能力；同时，它也提醒策划者必须具备风险管理和技术创新的应用能力，注重参与者体验，并在活动结束后进行反馈收集与效果评估，以实现持续改进和可持续发展。这一案例为会展策划提供了宝贵的实践参考和创新灵感。

【任务认领】

活动名称：2024 年国际科技创新博览会（International Technology Innovation Expo 2024）。

活动目的：展示最新的科技创新成果，促进国家间的科技交流与合作，推动科技产业的发展。

目标受众：科技企业、研发机构、投资者、科技爱好者、媒体等。

活动时间：2024 年 11 月 20 日至 23 日。

活动地点：北京国际会展中心。

预期规模：预计参展商 500 家，专业观众 30000 人。

主要活动：科技创新产品展览、行业领袖主题演讲、圆桌论坛、创新技术工作坊、商业对接会议、科技创业大赛等。

要求：根据以上内容制作一份简易的会展策划方案。各小组的策划方案应明确其任务目标和预期成果；提供详细的执行计划，包括时间表、预算、资源分配等；鼓励创新思维，体现独特的策划理念。需评估策划方案的可行性，包括成本效益分析和风险评估等内容。

2.1 会展策划概述

2.1.1 策划的概念

策划，即计划、打算，是指把步骤完整记录的过程。"策"主要指计谋，如决策、献策、下策、束手无策等。"划"指设计、工作计划、筹划、谋划等，意思为处置、安排、记录。策划介于"规划"与"计划"之间，相对于"计划"，策划更富有预见性，多用于

"无"到"有"的理念创造过程中。相对于"规划"，策划更注重可执行性，是将宏观布局细化到具体执行步骤的完善过程。策划通常涵盖筹划、谋划、规划等含义。

策划是一个宏观概念，通常指为达到目的，根据相关数据、资料，并依靠经验或客观规律，对目标的未来整体性、长期性、基本性问题进行规划，以及规划达成中所需要的具体执行步骤的计划过程。它是为达到目标而在执行步骤操作前进行的所有规划、计划思考行为的总称。

2.1.2　策划的发展历程

策划作为一种管理和决策工具，其发展历程可以追溯至古代文明，现代策划的概念和实践是近几个世纪逐渐形成和完善的。

（1）古代的策划

在古代，策划的概念主要体现在战争和政治策略中。例如，中国古代的《孙子兵法》就是一部著名的军事策划著作，强调战争前的详细规划和战略思考。古希腊和罗马的政治家和军事领袖也运用策划来指导战争和治理国家。

（2）中世纪到文艺复兴时期的策划

中世纪时期，策划的概念逐渐扩展到宗教和建筑领域。例如，大教堂的建造需要精心地规划和设计，这可以看作早期的项目策划。文艺复兴时期，随着人文主义思想的兴起，策划开始更加注重人的创造力和艺术表达。

（3）工业革命时期的策划

工业革命是策划实践的一个重要转折点。随着大规模生产的兴起，企业需要更有效的管理和组织方式来优化生产流程，降低成本，提高效率。这一时期，策划开始被系统地应用于商业和工业领域。

（4）20 世纪的策划

20 世纪，策划的概念和实践得到了进一步的发展。两次世界大战期间，各国政府和军队运用策划来指导战争从战略部署到后勤支持的各个方面。战后，随着市场经济的发展和全球化的推进，策划在商业、市场营销、公共关系等领域变得越来越重要。

（5）当代的策划

在当代，策划已经成为一个跨学科的领域，涵盖了商业、政治、文化、社会等多个方面。随着信息技术的发展，策划实践也越来越多地依赖于数据分析、模拟预测等技术手段。同时，策划也更加注重可持续性和社会责任，以应对全球性挑战。

策划的发展历程反映了人类社会从古至今的演变。从战争和政治策略到商业和项目管理，再到今天的跨学科领域，策划始终在不断进化和适应变化。伴随全球化和技术革新，策划将继续在各个领域发挥关键作用。

2.1.3 会展策划的概念与含义

会展策划是对会展进行管理和决策的一种程序，是对会展活动的进程以及总体战略进行前瞻性规划的活动。

在会展的决策过程中，由于展出者的机构不同、所针对的问题不同、展览项目的新旧不同等，决策的程序也不尽相同。大型展出，如以国家政府部门、贸促机构、工商会、集团公司等为主办者的会展，大多有相应的部门或人员专门从事展览工作，并有固定的决策程序，会展策划的环节相对也比较规范合理。对于小型公司而言，策划的环节可能会比较简单，连续参加或连续举办的展览会的决策过程可以比较简单，这一方面体现展出者政策和战略的连续性，另一方面反映出这些展出项目合适、效果好。对于这些项目，展出者无须再作决策，只要在局部或细节上加以调整即可。但对于初次展出的项目，展出者应该充分调研，全面考虑，慎重选择。只有加强决策的科学性，才能避免盲目性。

2.1.4 会展策划的作用与意义

对会展的主办方来说，会展策划方案是会展筹划阶段一项非常重要的工作，它体现了主办方对整个会展活动的整体安排和构想。会展策划文案是会展文案的一部分，它在会展活动实施阶段实际运作中的作用有以下两个。

（1）决策依据作用

会展策划文案是会展决策的备择方案，它建立在科学预测、理智分析和大胆创意的基础上，并且经过严格的咨询、论证程序，是会展策划人员智慧的结晶。作为一种备择方案，会展策划文案对于会展活动的决策机构来说，具有建议和提供决策依据的作用。

（2）指导执行作用

会展策划文案一旦经决策机构确认后，就转化为实施方案，对会展活动的各项筹备工作具有指导作用。各筹备工作部门在工作中应当贯彻、体现策划意图。一个全面的会展策划方案一般包括：构想、分析、归纳、判断，拟定策略、方案实施，事后的追踪与评估。可以说，会展策划方案就是会展实施战略的总指导书。

好的会展策划方案对于会展活动至关重要，它是始于会展活动之前、贯穿会展活动始终的优先性、前瞻性的管理和决策程序。具体的意义如下：

1）确保活动目标的实现。一个精心策划的会展方案能够明确并实现活动目标。例如，如果目标是推广新产品，策划方案将包括产品展示、演示和互动环节，以确保观众全面了解产品特性。2019 年的 CES（国际消费电子展）通过精心策划展示和体验区，成功展示了参展商的创新技术，吸引了全球关注。

2）提升参与者的体验。良好的策划能够提供流畅的参展流程和高质量体验。例如，通过合理的展位布局、清晰的指示标识和高效的注册流程，可以减少参展者的等待时间，提升他们的满意度。2018 年上海国际汽车工业展览会通过使用电子票务和现场导航系统，提高了观众的参展体验。

3）增强活动的吸引力和影响力。一个吸引人的会展策划方案能够吸引更多的参展商和观众，扩大活动的影响力。例如，邀请行业领袖进行主题演讲或举办高端论坛，可吸引专业人士参与。2017 年达沃斯世界经济论坛通过一系列高端对话和讨论，吸引了全球政治和商业领袖的关注。

4）有效控制成本和风险。好的会展策划还包括成本控制和风险管理。通过预算编制和资源优化，确保活动在预算内顺利进行。同时，通过风险评估和应急预案降低不可预见事件对活动的影响。例如，2016 年里约奥运会的策划团队通过提前规划和风险评估，成功地应对了寨卡病毒暴发等挑战，保障了活动的顺利进行。

2.2　会展策划的内容

2.2.1　会展策划包含的要素

一般来说，一份完整的会展策划，包括策划者、策划对象、策划依据、策划方案和策划效果评估等要素。

策划者在会展过程中起智囊的作用，其素质直接影响会展成果的质量水平，策划对象可以是某项整体会展活动，也可以是会展诸要素中的某一要素。策划依据包括策划者的知识结构、信息储备以及与策划对象相关的专业信息。策划方案是策划者为实现策划目标，针对策划对象而设计的一套策略、方法和步骤。策划效果评估是对实施策划方案可能产生的效果进行的预先判断和评估。这些要素互相影响、互相制约，共同构成一个完整的会展策划体系。

2.2.2　会展策划的内容

（1）市场调研与目标设定

市场调研是会展策划的起点，通过分析目标受众、市场趋势和竞争对手，可以明确会展的目标和预期成果。例如，一个针对科技行业的会展，其目标可能是展示最新技术、吸引投资者和行业专家。

（2）主题与概念开发

确定会展的主题是策划中的核心环节，它影响会展的整体形象和内容设计。一个成功的主题能够吸引目标受众并传达会展的核心价值。例如，"绿色科技"可以作为一个环保技术会展的主题，强调可持续发展和技术创新。

（3）宣传推广与品牌建设

宣传推广是提高会展知名度和吸引参展商及观众的关键。通过多渠道的宣传策略，如社交媒体、广告、新闻发布等，可以有效地推广会展品牌。例如，一个国际食品展可以通过与知名美食博主合作，利用其社交媒体影响力吸引美食爱好者。

（4）场地与技术支持

选择合适的场地并提供必要的技术支持对于会展的成功至关重要。场地需满足规模和设施需求，同时考虑交通便利性和观众体验。技术支持包括音响、灯光、多媒体展示等，以增强会展的互动性和吸引力。例如，一个汽车展可能需要大型展览空间和先进的虚拟现实技术来展示新车型。

（5）风险管理与效果评估

风险管理和效果评估是会展策划的重要环节。通过识别潜在风险并制定应对策略，可以减少不确定性和潜在损失。会展结束后，通过收集反馈和数据分析，评估会展的效果，为未来的策划提供改进的依据。例如，一个科技会展可能会评估技术故障的风险，并准备相应的应急预案。

2.2.3 会展策划的基本原则

会展策划应遵循以下原则，以确保活动的有效性和成功。

（1）目标明确性原则

策划之初，必须明确会展的目标和预期成果。这些目标应具有可衡量性，以便在策划过程中和活动结束后进行评估。

（2）受众导向性原则

会展策划应以受众为中心，了解他们的需求和期望，并设计能够满足这些需求的活动内容和形式。这要求对参展商、观众、媒体等不同群体的需求和期望有深入理解。

（3）资源整合原则

有效的资源整合是会展策划的关键。这包括资金、人力、物资、技术等资源的合理分配和使用，以实现资源利用的最大化。

（4）创新与适应性原则

会展策划应不断创新，引入新的理念和技术，同时保持对市场变化的敏感性和适应性，以应对不断变化的行业环境和客户需求。

（5）可持续性发展原则

在策划过程中考虑会展的长期影响，包括环境、社会和经济的可持续性。这不仅涉及减少对环境的负面影响，还包括对社会的积极贡献和经济效益的最大化。

2.3　会展策划的基本流程

会展策划是一项系统性工作，要求策划者从宏观到微观，从抽象到具体，对每一个环节都进行深入细致的思考和规划。下面详细介绍会展策划的基本流程。

（1）明确会展目标与主题

在开始策划任何会展活动之前，明确目标与主题至关重要。这包括：

● 深入市场分析：了解当前行业趋势、市场需求以及潜在参展商和观众的特点。

● 确定核心目标：明确会展希望达到的效果，如提升品牌知名度、促进产品销售、推动行业交流等。

● 提炼主题概念：结合行业特点和创新元素，提炼出具有吸引力和辨识度的会展主题。

（2）进行市场调研与分析

市场调研是策划成功的关键。具体工作包括：

● 数据收集：通过问卷调查、访谈、行业报告等途径，收集关于参展商、观众和竞争对手的详细数据。

● 竞品分析：研究同类会展的策划方案，剖析其亮点和不足之处，为自己的会展策划提供借鉴和改进方向。

● 需求预测：根据市场数据和行业发展趋势，预测潜在参展商和观众的需求，为策划方案提供依据。

（3）制定策划方案与预算

策划方案与预算的制定是会展策划的核心环节。具体步骤包括：

● 整体规划设计：确定会展的布局、人流流线、氛围营造等整体效果。

● 活动安排：设计开幕式、论坛、互动环节等多样化的活动，提高会展的参与度和吸引力。

● 制定预算：根据策划方案，详细估算各项费用，包括场地租赁、展台搭建、宣传推广、人员薪酬等，并合理分配预算。

（4）确定参展商与展品

参展商和展品的选择直接关系到会展的质量和效果。具体工作包括：

● 筛选参展商：根据会展主题和目标，筛选符合要求的参展商，确保其产品或服务与会展主题相契合。

● 协调展品：与参展商沟通，确保他们展示的产品或技术具有创新性和吸引力，同时符合会展的整体氛围。

（5）策划宣传推广活动

有效的宣传推广是吸引参展商和观众的关键。具体工作包括：

● 设计宣传材料：制作吸引人的海报、宣传册、视频等宣传材料，突出会展的亮点和特色。

● 选择推广渠道：利用社交媒体、行业媒体、邮件群发等多种渠道进行宣传推广，扩大会展的知名度和影响力。

● 策划推广活动：设计线上线下的推广活动，如优惠活动、抽奖等，吸引更多目标受众的关注和参与。

（6）组织筹备与实施

在会展举办前，组织筹备与实施是确保活动顺利进行的重要环节。具体工作包括：

● 协调场地与设施：确保场地租赁、搭建展台、布置会场等工作按时完成。

● 安排交通与住宿：为参展商和观众提供便捷的交通和住宿服务，确保他们出行无忧。

● 组建执行团队：组建专业的执行团队，明确各岗位的职责和分工，确保会展现场的各项工作能够高效运转。

（7）现场管理与协调

会展现场的管理与协调是确保活动顺利进行的关键。具体工作包括：

● 制订现场管理计划：明确会展现场的各项管理规定和应急预案，确保现场秩序井然。

● 协调各方资源：与参展商、观众、执行团队等各方保持良好沟通，及时解决现场出现的问题和矛盾。

● 监控活动进展：密切关注会展现场的活动进展，根据实际情况调整策略和方案，确保活动顺利进行。

（8）评估总结与反馈

会展结束后，评估总结与反馈是提升策划水平的重要环节。具体工作包括：

● 收集反馈意见：通过问卷调查、访谈等方式收集参展商和观众的反馈意见，了解他们对会展的评价和建议。

● 分析得失原因：深入剖析会展策划过程中的得失原因，总结经验教训，为今后的策划提供借鉴和改进方向。

● 形成总结报告：将评估结果和反馈意见整理成总结报告，向上级领导或相关部门汇报，并作为今后策划的参考依据。

会展策划的基本流程涉及目标设定、市场调研、方案制定、参展商与展品选择、宣传推广、组织筹备与实施、现场管理与协调以及评估总结与反馈等多个环节。每个环节都需要策划者投入大量精力和时间，确保策划的精准性和有效性。遵循这一流程，策划者可以更加系统地开展会展策划工作，提升会展的质量和影响力，为参展商和观众带来更好的体验和价值。

2.4　会展策划成功的关键

会展策划的成功依赖于多个关键要素，以下着重阐述四大重要的成功因素，它们对确保会展活动顺利进行并达到预期效果发挥着至关重要的作用。

（1）创新与差异化

创新是会展策划成功的核心。通过提供独特的内容和体验，可以使会展活动在众多竞争者中脱颖而出。例如，利用增强现实（AR）技术为参观者打造沉浸式互动体验，或者通过虚拟现实（VR）技术全方位展示产品，这些都是创新的策划思路，能够吸引观众并提供难忘的体验。

（2）细节关注与执行力度

成功的会展策划，不仅仅着眼于宏观方向的把握，对细节的精细打磨同样不可或缺。从展位设计到活动流程，每个环节都需要精心规划和严格把控。例如，展位的布局需要既美观又实用，充分考虑人员流动顺畅且舒适，同时，要确保所有活动按计划顺利进行，没有延误。

（3）参与者的参与度

会展活动的参与者包括参展商、观众、演讲嘉宾等多个群体，他们的积极参与对会展的成功起着决定性作用。策划者需要通过有效的沟通和激励机制，提高参与者的参与热情。例如，为参展商提供定制化的服务包，满足其个性化需求；为观众精心设计互动环节，增强其参与感；为嘉宾安排高质量的交流活动，提供思想碰撞的优质平台。这些举措都能够提升他们的参与感和满意度。

（4）可持续性和社会责任

随着社会对环境保护和社会责任的日益重视，会展策划也须将环境影响和社会责任纳入考量范畴。采用环保材料、减少能源消耗、支持当地社区等做法，不仅有助于提升会展的品牌形象，也能够吸引更多具有社会责任感的参与者。例如，会展活动可以使用可回收材料搭建展位，推广公共交通工具的使用，或者与当地慈善机构合作开展公益活动，来展示对可持续发展的承诺。

通过以上四大要素的精心策划和实施，会展活动不仅能够在短期内取得成功，还能够在长期发展中树立积极正面的品牌形象，促进行业的发展，并对社会产生积极的影响。

【知识小结】

会展策划是对会展进行管理和决策的一种程序，是对会展活动的进程及总体战略进行前瞻性规划的活动。

会展策划要素：一份完整的会展策划包括策划者、策划对象、策划依据、策划方案和策划效果评估等要素。

会展策划的主要内容：市场调研与目标设定，主题与概念开发，宣传推广与品牌建设，场地与技术支持，风险管理与效果评估。

会展策划流程：涉及目标设定、市场调研、方案制定、参展商与展品选择、宣传推广、组织筹备、现场管理以及评估反馈等多个环节，需要策划者全面考虑、精心组织，确保会展活动顺利举行并取得预期效果。

会展策划的原则：目标明确性原则，受众导向性原则，资源整合原则，创新与适应性原则，可持续性发展原则。

【案例】

2023 年国际科技创新展览会

一、背景与概述

近年来，随着科技的迅猛发展，科技创新已成为推动社会进步和经济发展的重要动力。在这一背景下，2023 年国际科技创新展览会应运而生，旨在为全球科技企业和创新者提供一个展示和交流的平台。本次展览会吸引了众多科技行业的专家学者、企业领导以及创新团队，共同探讨科技创新的未来发展趋势。

二、策划与实施

● 主题设定与展区规划

本次展览会的主题为"创新驱动，科技引领"，凸显科技创新在推动社会进步和经济发展中的核心地位。在展区规划方面，根据科技领域的不同分支设置了人工智能、大数据、云计算、生物科技、新能源等多个专题展区，每个展区均有专业的策划团队负责设计、布展和宣传推广。

● 活动安排与互动环节

为了增强展览会的互动性和吸引力，策划团队精心安排了一系列活动。首先，邀请了科技界的知名专家学者和企业领导发表主题演讲，分享他们的科技创新经验和未来展望。其次，组织了多场专题论坛和研讨会，让参会者能够深入了解各领域的最新技术和发展趋势。此外，还设置了互动体验区，让参观者能够亲身体验最新的科技产品和技术应用。

● 宣传与推广

为了让更多的人了解并参与到本次展览会中来，策划团队制订了全面的宣传推广计划。利用社交媒体、新闻媒体、行业网站等多种媒介进行广泛宣传。同时，与各大高校、科研机构和企业合作，邀请他们组织团队参展或参观，进一步拓宽了参与范围。

三、成果与影响

本次展览会取得了圆满成功，吸引了来自世界各地的众多参观者和参展商。展览会上展示了许多前沿科技产品和创新成果，为参会者提供了宝贵的交流和合作机会。同时，通过展览会的举办，也进一步推动了科技创新的发展和应用，为社会进步和经济发展注入了新的动力。

四、总结与展望

2023年国际科技创新展览会的成功举办，不仅为全球科技企业和创新者提供了一个展示和交流的平台，也进一步提升了公众对科技创新的认识和重视程度。展望未来，我们期待更多的科技创新展览会在不同领域和地区举办，为全球科技创新事业注入更多的活力和动力。同时，我们也希望科技企业和创新者能够继续发挥创新精神和专业能力，推动科技创新不断取得新的突破和成果。

案例分析：本案例中会展策划的成功，关键在于精准定位、创意独特和执行高效。首先，策划团队通过深入的市场调研，明确了目标客户群体和展会主题，确保了展会的专业性和吸引力。其次，创意元素贯穿始终，无论是展位设计、互动环节还是主题演讲，都展现了独特魅力和创新性，有效提升了观众的参与度和体验感。最后，在执行过程中，团队成员分工明确，沟通协调顺畅，确保了各项活动的顺利进行。通过本次展会，参展商不仅拓展了市场渠道，提升了品牌影响力，还实现了与客户的深度交流和合作。可以说，本案例是会展策划的一次成功尝试，对于今后类似活动的策划具有重要借鉴意义。

【任务测试】

1. 分别说出策划与会展策划的含义。

2. 简述会展策划发展历史。

3. 会展策划的基本流程是什么？

4. 会展策划成功的关键要素有哪些？

5. 会展策划要遵循哪些基本原则？

【任务拓展】

使用 SWOT 模型进行可行性分析

会展项目可行性分析是指在会展投资决策之前，对拟建项目进行全面的技术经济分析论证，并对其作出可行或者不可行的明确评价的一种科学分析方法。

SWOT 模型分析法又称态势分析法，是由旧金山大学的管理学教授海因茨·韦里克于 20 世纪 80 年代提出的一种分析方法，主要用来确定企业本身的竞争优势、竞争劣势、机会和威胁，从而将公司的展览与公司内部资源、外部环境有机结合。因此，清楚地识别公司的资源优势和缺陷，了解公司所面临的机会和挑战，对于制定公司未来的发展战略有着至关重要的意义。

我们可以通过 SWOT 模型进行形象阐述。优势-机会（SO）战略是会展企业最愿意看到的场景，但是 SO 场景不可能时时出现，在实际操作过程中，可能更多的是要面对内部的劣势和外部的威胁，利用优势、抓住机会、避开劣势、应对威胁是 SWOT 模型的核心所在。

【实训】

实训作业名称：会展策划实战演练。

实训目标：使学生掌握会展策划的全过程；培养学生的团队合作能力、创新思维和项目管理技能；提高学生解决实际问题的能力。

实训作业要求：

团队组建：学生自由组成团队，每队 5～6 人。

选择会展主题：团队需选择一个具有时效性和吸引力的会展主题，如"绿色生活博览会""科技创新峰会"等。

市场调研：进行市场调研，收集目标受众、行业趋势和竞争对手的信息。

策划方案撰写：基于调研结果，撰写完整的会展策划方案，包括但不限于会展目标和主题预算、场地选择与布置、宣传推广策略、参展商和观众邀请、活动流程设计、风险评估与应对措施、后勤保障计划等内容。

创意展示：准备会展策划的创意展示，包括 PPT 演示和其他辅助材料。

方案实施模拟：模拟会展实施过程，包括现场管理、问题应对等。

效果评估与反馈：撰写会展结束后的效果评估报告，包括成功点、不足之处及改进建议。

参考文献

[1] 中国社区教育网. 《策划师资格认证标准》出台[EB/OL].（2006-07-23）[2019-03-06]. http://shegong07.bokee.com/319990868.html.

[2] 孙莉，黄小兵. 中国旅游规划师职业资格认证制度的构想——基于国内外认证制度的比较研究[J]. 旅游学刊，2006（S1）：71-75. [2025-05-07]. https://ir.pku.edu.cn/handle/20.500.11897/70140.

[3] Gulick L H，Urwick L F. Papers on the Science of Administration[M]. New York：Institute of Public Administration，1937.

[4] Fayol H. General and Industrial Management[M]. London：Sir Isaac Pitman & Sons，Ltd，1949.

[5] Kotter J P，Cohen D S. The Heart of Change[M]. Boston：Harvard Business School Publishing，2002.

[6] Norton S. Developmental Editing：A Handbook for Freelancers，Authors，and Publishers[M]. Chicago：University of Chicago Press，2009.

[7] Ausubel D P. Educational Psychology：A Cognitive View[M]. New York：Holt，Rinehart and Winston，1968.

项目 3　绿色会展主题的创意方法

【学习目标】

1. 了解绿色会展主题的内涵
2. 了解绿色会展主题的分类
3. 掌握绿色会展主题的创意来源
4. 掌握绿色会展主题的创意原则
5. 能够为绿色会展项目策划主题

【学习引导】

绿色会展铸丰碑

任何行业的可持续发展都离不开绿色环保和生态文明的实践。

2016 年的一场普通撤场，激发了金惠人要做会展垃圾分类处理的信念。垃圾是人为环境污染的主要来源，是错位的财富。金惠集团始终坚持倡导和践行绿色会展理念。在遵循理论指导的基础上，通过会前减少资源投入、会中有效利用可再生资源、会后减少废弃物排放，做好垃圾分类工作，实现会展经济与环境的和谐发展，促进会展产业体系的集约化发展。金惠集团组建的"新型绿色会展"课题组获得国家版权局颁发的著作权登记认证。

为深入践行绿色会展理念，金惠倾力打造了"西部绿色生态发展论坛"。2019 年 12 月 27 日，首届论坛在中国西部城市西安举行，秉持绿水青山就是金山银山理念，以"共建丝路国际绿色生态发展共同体，促进绿色丝绸之路高质量发展"为主题。

2020 年 12 月 27 日，第二届论坛以"全面实施生态文明建设，大力推进产业创新发展"为主题，按照《中共中央　国务院关于新时代推进西部大开发形成新格局的指导意见》，围绕国家中心城市建设、黄河流域生态文明建设、区域经济发展等国家战略，汇聚各方力量助力西部地区生态文明保护和高质量发展，构建绿色生态产业链，优化资源配置，促进要素流动、激活西部循环经济。

2021 年 12 月 27 日，第三届论坛组委会联系各级政府、企业商协会、专家学者，秉持"生态优先、绿色发展"的理念，以"'碳'索西部、绿色之路"为主题，开展了为期三天的云论坛。嘉宾演讲内容涵盖党中央、国务院"十四五"政策解读，绿水青山就是金山银山理念践行，绿色供应链建设，黄河流域生态保护和高质量发展，"双碳"目标等。参会代表来自各行各业，包括乡村振兴、航空工业、绿色物流、百年供销企业、绿色餐饮数字新秀等领域、行业。会展界直播间三天共有 40 万观众观看，覆盖全国，其中观看人数较多的是陕西、山西、河南、北京、四川、安徽、广东、甘肃和浙江等地。

如今，金惠人通过精心策划、精心布展、竭诚服务，全力打造了新型绿色展会，为行业间践行生态文明作出了积极贡献。

资料来源：https://zhaozhanwang.cn/view.php?id=3121，有改动。

思考：金惠集团的实践为我们提供了绿色会展主题的深刻启示：首先，它强调了会展行业在生态文明建设中的重要角色，通过实际行动减少环境污染和资源浪费。其次，金惠集团通过持续举办论坛活动，提升了绿色会展理念的社会影响力，促进了跨行业、跨区域的交流与合作，共同探索绿色发展路径。此外，金惠集团在绿色会展领域的创新实践，如获得著作权登记认证的"新型绿色会展"课题组，展现了其专业性和创新能力。最后，通过线上线下相结合的方式，扩大了论坛的参与度和影响力，展示了数字化在绿色会展中的积极作用。这些做法启示我们，绿色会展不仅是一场活动，更是一种推动社会进步和可持续发展的理念与实践。

【任务认领】

在全球积极推动可持续发展的大背景下，绿色会展作为一种新型的会展模式，越来越受到重视。绿色会展不仅能够减少资源消耗和环境污染，还能提升会展活动的品牌形象和社会价值。本任务旨在引导学生通过实践活动，深入理解和掌握绿色会展的创意方法，并将其应用于具体的会展项目中。

任务目标：学生需要策划一个以"绿色、环保、可持续"为主题的会展项目，并设计具体的创意方案。

任务要求 1：确定会展的主题，要求主题充分融入绿色、环保理念，能够体现可持续发展的精神。

任务要求 2：根据绿色会展的创意方法，设计具体的会展创意方案，包括但不限于会展布局、展示内容、互动体验、宣传推广等方面。提交一份详细的会展策划方案报告，包括主题阐述、创意方案、环保措施、技术应用、预算规划和效果评估等内容。

3.1 绿色会展主题概述

3.1.1 绿色会展主题的含义

绿色会展主题，即在会展活动从策划、组织、实施到评估的全过程中，贯穿环保、节能、可持续等绿色理念，以减少对环境的影响，提升会展活动的社会责任和形象。这种主题不仅体现在会展的物理环境上，如使用可再生材料、节能技术，还体现在会展的组织理念和文化上，如推广环保意识、倡导绿色消费。

绿色会展主题的含义可以从以下几个方面进行阐述：

（1）环保理念的融入

在会展的各个环节，从设计、搭建、运营到拆除，都充分考量对环境的影响，力求减少资源浪费和污染。

（2）资源的节约与循环利用

在会展活动中，优先使用可再生或可回收材料，减少一次性用品的使用，通过循环利用资源，降低会展对环境的负担。

（3）节能技术的运用

采用节能照明、智能温控系统等技术，减少能源消耗，提高能源使用效率。

（4）绿色交通与物流

鼓励参展商和观众使用公共交通工具，优化物流安排，减少会展活动对交通的压力和碳排放。

（5）绿色宣传与教育

通过会展活动宣传环保知识和绿色生活方式，提高公众的环保意识，促进绿色消费。

（6）绿色供应链管理

选择环保供应商，实施绿色采购政策，确保会展使用的产品和服务符合环保标准。

（7）创新与实用性结合

在追求绿色会展的同时，也要考虑会展的实际效果和经济效益，实现环保与实用性的平衡。

（8）持续改进与评估

对绿色会展的实践进行持续评估和改进，根据反馈调整策略，以实现更好的环保效果。

绿色会展主题的推广，不仅有助于提升会展行业的绿色竞争力，更是顺应全球可持续发展趋势的重要举措。通过绿色会展，可以向世界展示一个负责任、具有前瞻性的形象，为保护地球环境作出积极贡献。

3.1.2　绿色会展主题的意义

（1）提升环境意识

绿色会展主题通过展示环保技术和可持续实践案例，有效提升了公众对环境问题的认识。这种主题的会展通常包含教育元素，如讲座、研讨会和互动体验，使参与者能够直观地感受并理解环保的重要性。在这一过程中，会展不仅是信息交流的平台，也是培养公众环保意识和责任感的关键阵地。

（2）推动绿色经济

绿色会展主题促进了绿色产品和服务获得市场认可，加速其商业化进程。为绿色企业和创新技术提供了展示平台，帮助企业树立品牌形象，拓展市场渠道。同时，会展汇聚了行业专家、投资者和消费者，促进了绿色经济领域的交流合作和资本流动，加速了绿色产业的发展。

（3）资源节约与循环利用

绿色会展主题倡导在会展的全过程中遵循资源节约和循环利用的原则。从展台设计、建材选择到物流安排，均注重减少资源消耗和废物产生。这种节约和循环利用的做法不仅减少了会展对环境的影响，也为其他行业提供了可借鉴的模式。

（4）促进政策法规的完善

绿色会展主题通常设有探讨环保政策法规的环节，为政策制定者、行业专家和公众提供了交流和讨论的机会。通过深入讨论，会展能够切实反映行业需求与公众呼声，从而推动环保政策法规的不断完善，助力形成更加全面有效的环境管理体系。

（5）激发创新与跨界合作

绿色会展主题鼓励不同领域之间的交流与合作，激发创新思维。为科研机构、企业、政府和非政府组织创造了共同探讨并解决环境问题的契机。这种跨界合作有助于整合各方资源和智慧，推动环保技术的进步，为可持续发展战略提供创新动力。

绿色会展主题的意义不仅在于促进环境保护和可持续发展，还在于提升社会整体的环保意识、推动经济结构的绿色转型以及促进构建环境友好型社会。通过绿色会展的实践，我们可以朝着更加可持续的未来迈进。

3.1.3　绿色会展主题的分类

绿色会展主题的分类可以从多个维度进行，包括但不限于主题内容、目标受众、实施方式、技术应用等。以下是对绿色会展主题的几种分类方式及相应的实例说明。

（1）按主题内容分类

生态保护主题：关注生物多样性保护、生态系统平衡等议题。例如，世界自然基金会（WWF）举办的"地球一小时"活动，通过熄灯一小时来提高公众对气候变化的认识。

可持续发展主题：聚焦经济、社会和环境的可持续发展目标。例如，联合国可持续发展目标（SDGs）相关的会展活动，展示了各领域的可持续发展实践。

环保技术主题：专注于展示和交流环保技术与解决方案。如国际环保技术展览会，集中展示清洁能源、废物处理等技术。

（2）按目标受众分类

B2B（企业对企业）：针对企业间的交流合作，如绿色建筑和设计展览会，侧重于行业内的技术交流和商业合作。

B2C（企业对消费者）：面向广大消费者，推广绿色生活方式和产品。如绿色生活博览会，向公众展示节能家电、有机食品等。

政府和社会组织：关注政策制定和公共意识提升，如全球环境基金（GEF）支持的环保项目展示会。

（3）按实施方式分类

线上：利用数字技术，减少实体会展的环境影响。例如，线上环保技术论坛，通过网络平台举办讲座和交流。

线下：在实体场所举办的绿色会展，注重现场的环保措施。例如，绿色建筑展，现场使用可回收材料搭建展台。

线上线下结合：结合线上和线下的优势，扩大影响力和参与度。例如，某些国际环保会议，提供线上直播和线下参与的双重选择。

（4）按技术应用分类

新能源技术：展示太阳能、风能等新能源技术的会展活动。例如，国际可再生能源会议，集中讨论和展示新能源技术的发展和应用。

节能技术：关注照明、空调等节能技术的应用。例如，节能产品展览会，展示各种节能家电和设备。

环保材料应用：使用生物降解材料、再生塑料等环保材料。例如，生态设计展，展示使用环保材料的创新设计产品。

（5）按会展规模分类

大型国际会展：具有国际影响力，参与者众多。如联合国气候变化大会（COP，即《联合国气候变化框架公约》缔约方大会），全球各国代表聚集讨论气候变化问题。

中型专业会展：针对特定行业或领域，规模适中。如绿色包装展览会，专注于展示环保包装材料和技术。

小型地方性会展：在地方层面推广绿色理念，规模较小。例如，社区绿色生活节，鼓励居民参与环保活动。

以"生态保护主题"的绿色会展为例，可以举办一个名为"绿色地球博览会"的活动，内容可包括以下几部分：

主题展览：展示濒危物种的保护工作、生态修复项目等。

互动体验区：设置 VR 体验，让参与者感受不同生态系统的壮丽与脆弱。

讲座和研讨会：邀请环保专家和学者就生态保护议题进行深入讨论。

儿童教育区：通过游戏和手工活动，教育儿童认识到保护环境的重要性。

绿色市集：售卖当地手工艺品和有机农产品，支持可持续生产方式。

通过这些分类和实例，我们可以看到绿色会展主题的多样性和丰富性，它们在不同的层面和领域推动着环保和可持续发展的理念。

3.2 绿色会展主题的创意来源

绿色会展主题的创意来源丰富多样，深入挖掘每个来源可以为会展带来更多的灵感和可能性。以下是对不同创意来源的详细阐释和具体实例。

（1）自然元素

自然元素提供了无限的创意，其灵感来源于自然界的色彩、形态和生态系统。会展设计可以借鉴自然界的和谐与平衡，运用自然的色彩搭配、形态设计和生态布局，为参与者营造一种回归自然的感觉。在一次以"海洋探秘"为主题的会展中，设计师运用蓝色调和水下生物的图案，配合灯光和音效，营造出沉浸式的海底世界体验。

（2）传统文化

传统文化是一座丰富的创意宝库，充满了世代相传的智慧和美学。将传统文化元素与绿色理念相结合，会展可以展现文化的深厚底蕴和环保的现代感。以"绿色丝绸之路"为主题的会展，展示了古代丝绸之路上的环保实践，如使用天然染料和可持续材料的纺织品。

（3）现代科技

现代科技，尤其是信息技术和新材料技术，为绿色会展提供了无限的可能性。通过科技的应用，会展活动可以更加互动、智能和环保。一个以"数字自然"为主题的会展，利用增强现实技术，让参与者通过移动设备体验虚拟的自然景观和动植物。

（4）环保材料

环保材料的使用不仅体现了会展的绿色理念，还可以激发设计师的创造力。这些材料包括可回收、可降解或源自可持续资源的材料。在"绿色时尚"会展中，设计师使用有机棉、再生纤维等环保材料制作服装，展示了时尚产业的绿色转型。

（5）社会问题

社会问题（如气候变化、资源短缺等）是绿色会展的重要创意来源。通过会展活动，可以提高公众对这些问题的认识，并探索解决方案。以"水的未来"为主题的会展，通过展示水资源的珍贵和水污染问题，呼吁公众节约用水和保护水源。

（6）艺术创作

艺术创作可以为绿色会展带来独特的视角和表现形式。艺术家通过作品传达对自然和环境的思考，引发参与者的情感共鸣。在"绿色艺术展"中，艺术家使用回收材料创作雕塑和装置艺术，展示了废弃物的再利用价值。

（7）教育推广

教育推广是绿色会展的重要功能之一。通过互动展览、工作坊和讲座等形式，会展可以教育公众特别是青少年了解和实践环保。在"绿色校园"会展中，学校展示了其在节能减排、废物分类和生态教育方面的实践，鼓励学生参与环保活动。

（8）企业社会责任

企业通过绿色会展展示其对环境责任的担当，这不仅提升了企业形象，也推动了行业的可持续发展。一家化工企业举办的"绿色化学"主题会展，展示了其在减少有害化学物质排放和开发环保产品方面的努力。

（9）国际合作

国际合作可以为绿色会展带来全球化视野和多元文化。通过国际交流和合作，会展可以展示不同国家和地区在环保方面的经验和创新。在"全球绿色行动"会展中，各国代表分享了他们在可持续城市发展、清洁能源和生态保护等方面的项目和成果。

（10）社区参与

社区参与是绿色会展的一大特色。鼓励社区居民参与，会展可以更好地反映社区的需求和特色，增强社区凝聚力。在"绿色邻里"会展中，社区居民展示了家庭园艺、社区清洁行动和废物回收项目，共同营造绿色社区。

（11）政策倡导

政策倡导是绿色会展的重要目标之一。通过会展活动，可以宣传推广政府的环保政策，提高公众的政策意识和参与度。在"绿色政策宣传周"会展中，政府部门展示了其在节能减排、绿色建筑和生态保护等方面的政策措施和成效。

（12）创新竞赛

创新竞赛激发了设计师和参与者的创造力，为绿色会展带来了新颖的设计理念和解决方案。在"绿色设计挑战赛"中，设计师提交了绿色会展空间、产品和服务的创新设计，竞赛选拔出了最具创意和实用性的设计。

（13）节日庆典

节日庆典为绿色会展提供了另一种创意来源。结合节日主题和传统，会展可以创造独特的绿色体验，增强节日的文化意义。在"绿色圣诞节"会展中，鼓励使用可持续材料制作的圣诞装饰，减少节日期间的废物产生。

（14）媒体关注

媒体关注为绿色会展带来了更多的曝光度和影响力。吸引媒体报道，会展可以提高公众对环保议题的关注。在"绿色镜头"会展中，摄影师和记者通过他们的镜头和笔触，记录和讲述环保故事，吸引了媒体的关注和报道。

（15）消费者趋势

消费者趋势反映了市场的需求和偏好。关注消费者对绿色产品和生活方式的追求，会展可以更好地满足市场需求，推动绿色消费。在"绿色生活节"会展中，展示了有机食品、环保家居用品和可持续时尚产品，满足了消费者对健康、环保生活方式的需求。

绿色会展主题的创意是多维度、多层次的，可以根据不同的需求和目标，创造出丰富多样的会展活动。

3.3　绿色会展主题的策划方法

3.3.1　绿色会展主题的创意原则

（1）环境责任原则

环境责任原则基于可持续发展理论，强调在会展策划中应考虑其对环境的长期影响。这涉及降低资源消耗、减少废物产生、使用可再生能源和材料，以及保护生物多样性。在德国举办的"绿色科技展"上，所有展台均使用可回收材料搭建，照明系统采用 LED 节能灯，空调系统利用太阳能作为辅助能源，减少了能源消耗和碳排放。

（2）经济与环境双赢原则

这一原则基于循环经济理论，旨在追求经济效益与环境保护的平衡。通过创新的商业模式和设计，会展活动可以在不牺牲环境质量的前提下实现经济效益最大化。荷兰的"循环设计周"通过展示可持续设计产品和理念，如使用再生材料制作的家具，不仅推动了环保，也为设计师和制造商带来了新的商机。

（3）教育与参与原则

教育与参与原则基于环境教育和社区参与理论，认为会展不仅是商业交易的平台，也是提升公众环保意识和参与度的重要场所。新加坡的"绿色生活节"通过举办互动展览、工作坊和讲座，教育公众如何在日常生活中实践节能减排和资源循环利用，吸引了大量家庭和学校参与。

（4）创新与技术应用原则

创新与技术应用原则强调利用最新科技成果来推动会展的绿色转型。这包括采用智能管理系统、虚拟现实、增强现实等技术，提高会展的运营效率和吸引力。以"未来城市展"为例，该展会利用 VR 技术让参与者体验未来城市的绿色交通系统和智能建筑，展示了科技创新在推动可持续发展中的潜力。

（5）评估与持续改进原则

评估与持续改进原则基于持续改进和反馈循环理论，认为会展策划应是一个不断评估和优化的过程。通过收集反馈、监测环境影响和经济效益指标，会展可以持续改进，更好地实现绿色目标。东京的"绿色创新展"便是践行这一原则的典型案例。该展会设立了专门的评估团队，对会展的每个环节进行环境和经济评估，并根据评估结果进行调整。例如，通过评估发现使用电子门票可减少纸张浪费，于是在下一届会展中实施了这一措施。

这些原则不是孤立的，而是相互联系和相互支持的。例如，环境责任原则要求会展策划者在设计阶段就考虑到材料的选择和能源的使用，这直接影响经济与环境双赢原则的实现。教育与参与原则通过提高公众的环保意识，为创新与技术应用原则提供了社会基础。而评估与持续改进原则是确保前四个原则得以有效实施和不断完善的关键。

在实施这些原则时，会展策划者需要具备跨学科的知识和技能，包括环境科学、经济学、教育学、技术应用和项目管理等多个领域。此外，策划者还需要与各方利益相关者进行有效沟通和合作，包括政府机构、企业、社会组织、参展商和观众等。

绿色会展主题的策划工作繁杂且精细，需要策划者深入理解并贯彻上述五个原则。通过这些原则的实施，会展不仅能够减少对环境的影响，还能够为社会带来经济效益和社会效益，推动可持续发展目标的实现。

3.3.2　绿色会展主题的策划方法

绿色会展主题的策划是一项综合性工作，涵盖创意、组织、实施和评估等多个阶段。可采用以下方法展开策划：

（1）头脑风暴法

头脑风暴是一种集体创意思维技术，它鼓励参与者自由地提出想法，无论这些想法多么大胆或非传统。在绿色会展主题的策划中，头脑风暴可以帮助团队成员打破常规，探索新的环保创意与可能性。例如，在策划一个以"绿色创新"为主题的会展时，团队成员可能会提出使用可再生材料打造展位、设置互动式环保教育专区等想法。这些想法随后被筛选和评估，以确定哪些最具可行性和吸引力。

准备阶段：选择合适的时间和地点，确保所有参与者都能毫无顾虑地、舒适地表达自己的想法。同时，准备好必要的工具，如白板、便笺纸、记事本等以便随时记录灵感。

进行阶段：指定一个主持人来引导讨论，确保每个人都有机会发言。鼓励参与者提出任何与绿色会展相关的想法，无论这些想法当下是否切实可行。

记录阶段：记录所有的想法，避免在会议中进行评判。可以使用便笺纸将想法张贴在墙上，以便所有人都能看到，便于后续交流与整合。

评估阶段：头脑风暴结束后，对所有的想法进行分类和评估。选择那些最具创意和可行性的想法，进一步发展和细化。

（2）SWOT 分析法

SWOT 分析是一种战略规划工具，用于评估项目或企业的优势（Strengths）、劣势（Weaknesses）、机会（Opportunities）和威胁（Threats）。在绿色会展主题的策划中，SWOT 分析可以帮助策划者全面了解会展的内部条件和外部环境。如果一个会展的优势是其在行业内的知名度，劣势是缺乏在线参与度，机会是数字化趋势，威胁是竞争对手的创新，那么策划者可以利用这些信息来制定相应的策略，如开发线上展览平台，以增加参与度并应对数字化趋势。

优势分析：识别会展策划团队的专长、以往成功的案例、可用的资源等。

劣势分析：诚实地评估团队在策划绿色会展方面可能面临的挑战，如预算限制、技术不足等。

机会分析：分析市场趋势、政策支持、技术进步等为绿色会展带来的机遇。

威胁分析：识别可能影响会展成功的外部因素，如竞争对手的活动、不利的法规变化等。

（3）情景规划法

情景规划是一种前瞻性思维工具，通过构建不同的未来情景来探索可能发生的变化。在绿色会展主题的策划中，情景规划可以帮助策划者预见并准备迎接未来可能的挑战和机遇。例如，策划者可能会构建一个情景，其中政府实施了更严格的环保法规，这要求会展必须采用更环保的建筑材料和能源。策划者可以根据这个情景调整策划方案，如选择太阳能供电系统和使用可回收材料。

构建情景：基于对市场、技术、社会和环境趋势的分析，构建几种不同的未来情景。

分析影响：评估每种情景对会展策划可能产生的影响，包括需要采取的策略和可能的调整。

制定策略：为每种情景制定相应的应对策略，确保会展策划具有灵活性和适应性。

（4）利益相关者分析法

利益相关者分析是一种识别和评估项目或企业中所有利益相关者的方法。在绿色会展主题的策划中，利益相关者分析可以帮助策划者了解不同群体的需求和期望。例如，如果会展的目标受众是环保意识强的年轻专业人士，策划者可能会设计一个包含可持续发展讲座和绿色技术展示的议程，以满足这一群体的兴趣和需求。

识别利益相关者：列出所有可能影响或被会展影响的个人或团体，如参展商、观众、当地社区、政府机构等。

评估影响力：分析每个利益相关者的影响力和利益，确定他们在会展策划中的优先级。

沟通和协商：与关键利益相关者进行沟通和协商，确保他们的需求和期望得到考虑和满足。

（5）反向思维法

反向思维是一种创意技术，通过颠倒常规思维过程来寻找新的解决方案。在绿色会展主题的策划中，反向思维可以帮助策划者识别并避免可能对环境产生负面影响的做法。例如，如果传统的会展策划包括大量印刷宣传材料，策划者可以采用反向思维，考虑如何减少纸张使用，可能的替代方案包括开发一个会展应用程序，参与者可以通过手机访问所有信息和日程安排。

识别常规做法：列出会展策划和实施过程中的常规做法，特别是那些可能对环境有害的做法。

颠倒思维：尝试从相反的角度思考问题，如使用数字展示代替纸质宣传材料，或寻找替代一次性用品的方法。

探索替代方案：为每个被识别的常规做法探索替代方案，评估这些方案的可行性和效果。

【知识小结】

绿色会展主题：是指在会展活动的策划、组织、实施和评估过程中，贯穿环保、节能、可持续等绿色理念，以减少对环境的影响，提升会展活动的社会责任和形象。

绿色会展主题的分类：①按主题内容分类：生态保护主题、可持续发展主题、环保技术主题。②按目标受众分类：B2B（企业对企业）、B2C（企业对消费者）、政府和非政府组织。③按实施方式分类：线上绿色会展、线下绿色会展、线上线下结合。④按技术应用分类：新能源技术、节能技术、环保材料应用。⑤按会展规模分类：大型国际会展、中型专业会展、小型地方性会展。

绿色会展主题的策划原则：环境责任原则，经济与环境双赢原则，教育与参与原则，创新与技术应用原则，评估与持续改进原则。

绿色会展主题的创意来源：绿色会展主题的创意来源丰富多样，深入挖掘每个来源可以为会展带来更多的灵感和可能性。可以从以下几个方面进行挖掘：自然元素、传统文化、现代科技、环保材料、社会问题、艺术创作、教育推广、企业社会责任、国际合作、社区参与、政策倡导、创新竞赛、节日庆典、媒体关注、消费者趋势等。

绿色会展主题的创意方法：头脑风暴法、SWOT 分析法、情景规划法、利益相关者分析法、反向思维法等。

【案例】

一、台北国际食品系列展

主题：以"食安永续"为主题，强调食品安全和可持续性。

内容：展出包括有机食品以及应用于食品制造过程中的自动化设备、高效节能机械和环保低碳包材等，覆盖产品制造到成品的全过程。

实践：通过线上录制主题展，减少国际买手前往现场的需求，降低交通成本，推广永续产品。

二、台北自行车展（Taipei Cycle）

主题：以永续为主轴，推广自行车作为环保的交通工具。

实践：使用可回收的钢架搭建展台，减少一次性装潢耗材。减少隔间数量，聚焦展示自行车本身。结合投影技术介绍产品，减少印刷输出。装潢中融入绿色植栽，提升展示的绿色视觉效果。

三、帛琉"我们的海洋大会"（OOC）

主题：保护海洋，实践永续。

实践：展示背板采用环保瓦楞纸材，易于运输和回收。使用木栈板构建展场，展后可回收再利用。展位设计融入海洋生态元素，提供沉浸式体验。

四、深圳大国工匠创新交流大会

主题：打造绿色会展样板案例，实现物料循环使用。

规模：52500 m^2 的线下展览。

实践：采用线上线下一体化展览方式。使用绿色环保物料搭建线下展览。参展商被鼓励采用环保方式布展，并在展会结束后进行有效回收。

五、中国展览馆协会绿色展览实践案例征集

目的：推动绿色低碳发展，征集绿色展览实践案例。

内容：包括绿色展馆建筑设计、节能建设、绿色展览组织工作等。

成果：计划编印《中国绿色展览案例集》和《中国绿色展览发展报告》。

这些案例展示了绿色会展在不同地区和不同规模的活动中的实践，从主题设定到具体实施，都体现了减少环境影响、促进可持续发展的努力。通过这些实践，会展行业正

逐步转型，以更加环保和高效的方式运作。

【任务测试】

1. 绿色会展主题的内涵是什么？
2. 绿色会展主题有哪些分类？
3. 绿色会展主题的创意来源有哪些？
4. 绿色会展主题创意有哪些原则？

【任务拓展】

会展宣传口号的作用

1. 关于宣传口号创意

此处所指的宣传口号泛指会展活动中应用于宣传推广的主题口号。这里不讨论如何选定主题，而是着眼于文法的构成进行探究。如上海世博会的主题是"城市，让生活更美好"，显然本次的主题为"城市"，而本句主题语构成了一句口号，文中探究的是如何从"城市"变成"城市，让生活更美好"，而不是探究是如何选定"城市"作为主题的。

2. 会展活动宣传口号的作用

宣传口号对于一个会展活动来说是不是必不可少？在这里很难假设一个带有口号的会展活动在没有口号的情况下效益的前后差别，但是口号在宣传上起到的作用毋庸置疑。

(1) 扩大知名度

多数受众对一个会展活动的初次印象都来自宣传口号。例如，2008年北京奥运会的宣传口号"同一个世界，同一个梦想"，在奥运会举办之前就成为大家茶余饭后谈论奥运会的最主要内容。仅仅几个字，却让大家有了深刻印象，之后甚至出现了"同一个……同一个……"之类的广告语，可见，一个成功的口号是可以深入人心的，也能大大提升这个会展活动的知名度。同时，在各种广告宣传中，宣传口号都是被提及的重点。世博会期间"城市，让生活更美好"以及奥运会期间"同一个世界，同一个梦想"均在电视、网络等媒体上被无数次提及。可以说，口号就是将会展活动具象化的一种方式。一个易记的口号有助于人们关注一个会展活动，这样的宣传方式就是成功的。

(2) 宣传举办地

主题口号作为一个会展活动的精髓，能够体现举办地的特点。一般来说，具有口号的大型活动都有全国甚至世界的影响力，在口号中加入举办地的独特之处，甚至地名，不仅有利于告知活动举办地，也为举办地进行良好的全球宣传。哈尔滨雪雕艺术博览会

（以下简称雪博会）是在著名的冰城——哈尔滨举办，这是每年一届以冰雪文化为主题的盛大节事活动，举办地点在哈尔滨 AAAAA 级景区太阳岛。第 22 届雪博会的口号是"雪舞太阳岛，欢乐中国行"，将举办地太阳岛融入口号，起到了良好的宣传作用。像这种在节事口号或者展览口号中加入举办地名称的情况很多，在这里就不一一赘述。对于知名活动却在不知名地域举办的情况也屡见不鲜，利用口号进行宣传其实是一石二鸟，既宣传了活动，又借助高名气的活动宣传了举办地。

（3）凸显主题

对于周期性的会展活动都有一个特定的主题，大致可以分为两种。一是每届活动内容不同，如第一届世界博览会以工业为主题，2010 年上海世博会以城市的发展为主题；二是每届的活动形式相同，如奥运会每届的赛事内容都是相似的，但主题不同，如 2008 年北京奥运会的主题为"同一个世界，同一个梦想"，表达了世界一体化、各国一家的举办理念。由于宣传口号一般都融入了活动的主题，也就是说口号和主题是不可分离的。主办方对主题的重视程度不言而喻，也希望受众熟知主题。而宣传口号一般简短易记，所以宣传口号对活动主题起到了良好的宣传作用。

（4）塑造品牌

对于定期举办的会展活动来说，品牌的塑造决定了该会展的成败。而对于举办方而言，如果将口号进行系列化、品牌化打造，则可以大幅增强会展活动的连续性。中国长沙房地产交易展示会（以下简称长沙房交会）从 1993 年至今已经成功举办了 30 届，每一届都有一个特定的主题口号。虽然每届长沙房交会的展出内容均以当地优质楼盘为主，但是每届一个简短易记的口号却成为每年的一个亮点。这些口号均以当年房地产中最热门的词汇为中心词，每届延续，为长沙房交会的品牌塑造起到了不可磨灭的作用。2010 年，在世博会倡导环保型建筑成为房产主导理念的一年中，长沙房交会以"绿色建筑，圆梦好房"为口号；2009 年的口号是"和谐人居，置业长沙"；2008 年则是"和谐人居、情满长沙"。

资料来源：李广毅《会展活动宣传口号初探》，有改动。

【实训】

绿色会展不仅关注减少对环境的影响，还通过创意和创新的方式，传达环保理念，激励参与者付诸环保行动。为了培养学生的创新思维和实践能力，本次任务以绿色会展为主题，引导学生探索并推动会展活动的绿色转型。

一、任务要求

（1）主题研究：学生首先需要对绿色会展的概念、重要性及其在当前会展行业中的应用进行深入研究。通过查阅专业文献、行业报告，了解绿色会展的发展历程、核心要素以及在全球范围内的推广情况，明确其在环保与经济发展协同进程中的关键作用。

（2）创意来源探索：积极探索绿色会展主题的创意来源，这些来源包括但不限于自然元素（四季变化、生态系统等）、传统文化（传统手工艺、民俗节庆中的环保智慧等）、现代科技（新能源技术、数字化展示手段等）、社会问题（可持续发展目标相关议题、环保热点事件等）和艺术创作（环保主题的艺术作品、装置艺术）等多个维度。

（3）案例分析：选择至少两个国内外具有代表性的绿色会展案例，分析其创意来源、实施效果及对环境的积极影响。

（4）创意提案：基于前期的研究和分析，学生需提出独具个人见解的绿色会展主题创意提案，提案应包括以下关键内容：主题名称、创意概念、目标受众、预期效果及实施策略。

（5）可持续性分析：全面评估提案的可持续性，从资源节约、环境影响、经济效益和社会效益等多个层面进行深入分析。

（6）展示准备：精心准备一次口头报告或展示，向同学和教师呈现自己的研究成果和创意提案。

二、提交要求

（1）提交一份不少于 1500 字的研究报告，完整涵盖上述所有任务要求的内容。

（2）准备一份 PPT 或其他视觉辅助材料，用于辅助展示研究成果和创意提案。报告和展示材料需在指定日期前提交。

三、评价标准

（1）研究报告的深度和广度（40%）：主要考察报告对绿色会展相关知识的掌握程度，是否全面涵盖任务要求的各个方面，对案例分析是否深入透彻，研究资料的引用是否丰富且权威。

（2）创意提案的原创性和实用性（30%）：评估创意提案是否具有独特新颖的视角，区别于常见的会展主题；同时考量其在实际操作中的可行性，能否有效推动会展活动的绿色转型。

（3）可持续性分析的全面性（15%）：考察报告是否从资源、环境、经济、社会等多个维度对提案可持续性进行综合考量。

（4）口头报告或展示的表达能力和互动性（15%）：观察口头报告时，语言表达是否清晰、有条理；评估与听众互动的效果；如是否能够有效回应问题、引导讨论等。

参考文献

[1]　张柏林. 数字经济背景下会展业转型升级探析[J]. 商展经济，2023（3）：1-3.

[2]　马佩佩，陈林静，李坤治. 国内会展业发展新趋势的研究综述[J]. 中国市场，2023（8）：52-54.

[3]　郭海霞，李秋燕. 会展业高质量发展研究[J]. 经济师，2023（4）：43-44.

[4]　潘奥杰. 数字经济背景下会展产业信息化转型升级研究[J]. 全国流通经济，2023（5）：129-132.

[5]　张迪. 以数字化推动绿色会展数字技术在西安绿色会展发展中的应用实例研究[J]. 中国会展，2022（19）：62-65.

[6]　刘英俊. 我国绿色会展现状及对策分析[J]. 大众投资指南，2016（11）：66-67.

[7]　谭言微. 绿色会展发展现状与对策研究[J]. 南方农机，2018（1）：73-76.

[8]　林云. 绿色展览之都离我们有多远？[N]. 新闻锐读，2017-05-15（23）.

[9]　宋志荣. 浙江省会展产业直面机遇与挑战[N/OL]. 中国经济网，2017-02-28. http://www.cnena.com/news/bencandy-htm-fid-3-id-75623.html.

[10]　甘卫华. 服务供应链的理论与实践[M]. 北京：冶金工业出版社，2010.

[11]　黄漫宇. 绿色服务业[M]. 北京：中国环境出版社，2017.

[12]　李霞. 中国绿色经济发展路径研究[J]. 中国物价，2016（4）：13-15.

项目 4　绿色会展项目的市场调研方法

【学习目标】

1. 了解绿色会展项目调查问卷的含义
2. 掌握绿色会展项目调查问卷的结构搭建与问题设计
3. 了解绿色会展项目市场调研的含义
4. 掌握会展项目调查报告的撰写方法
5. 具备独立撰写绿色会展项目市场调研文案的能力

【学习引导】

市场调查在会展营销中所起的作用

会展企业要想让其创办的会展营销活动能够满足各大参展商和客户的要求，就必须通过市场调查来充分了解参展商和客户的需求，使会展营销从主题设计、活动环节策划，到具体实施服务都能对参展商和客户产生足够的吸引力。市场调查不仅可以帮助会展企业在竞争激烈的市场中发现有利商机，并把握先机在市场中占一席之地，还能够为活动策划提供科学有效的依据，助力会展企业实现产品自身利益的最大化。同时，通过市场调查还能够让会展企业对活动中可能出现的状况提前做好预防工作，提高客户对企业的满意度，从而增加会展企业的销售业绩，提升企业品牌影响力。根据科学的调查统计结果，那些极具品牌营销力的会展企业在市场调查的频率上，大致是普通会展企业的 4 倍。

资料来源：选自都薇《市场调查在会展营销中的应用探讨》。

思考：会展营销有利于提高企业销售业绩和品牌影响力，但其在市场竞争中存在的不确定性，决定了其发展要依靠市场调查信息的支持。针对与会展营销相关的不同内容开展市场调查，有利于会展企业及时、准确地掌握市场、客户以及与竞争企业的相关信息，并构建基于这些信息、促进会展企业会展营销发展的信息系统，为会展企业会展营销决策部门提供更加科学的依据。目前，市场调查在会展营销中的重要作用已被会展企业广泛认知，在不断发展的市场经济中，它也成为会展企业在会展营销竞争中的必要手段。

【任务认领】

随着全球对环境保护和可持续发展的日益重视，会展行业也在积极寻求更加环保的运营方式。绿色会展项目不仅能减少资源浪费和环境污染，还能提升企业形象，吸引更多重视社会责任的参展商和观众。绿色会展项目包括使用可再生能源、减少废物产生、采用环保材料等。

任务要求 1：

调查研究当前会展行业中绿色会展项目的普及程度。

任务要求 2：

调查不同地区和规模的会展项目在绿色实践上的差异。

任务要求 3：

撰写一份详细的市场调查报告，包括研究方法、主要发现、数据分析和结论建议。

4.1 会展调查问卷概述

4.1.1 会展调查问卷的含义

会展问卷调查是运用问卷的方式，向参展商、客商和普通观众收集其参加会展活动的意向、意见和要求的文书。会展调查问卷作为实现调查目的和搜集数据的必要手段，在设计上的要求更为严格。调查项目的提问形式、提问方法，甚至题目编排顺序，都会影响调查资料的真实性。

4.1.2 会展调查问卷的结构与写法

会展调查问卷的结构一般包括前言、正文和结束语 3 个部分。

（1）前言

该部分包括标题和问卷说明两部分。

1）标题：标题一般写明调查的主题和文种，如"调查表"或"调查问卷"，例如，"[具体会展名称]参展情况调查问卷"。

2）问卷说明：向被调查者简单阐释本次调查活动的目的、意义、用途、范围、指标解释、填写须知等内容，以引起被调查者的重视和兴趣，并对调查对象的支持与合作表示感谢。如涉及须为被调查者保密的内容，必须表明予以保密，不对外提供等，以消除被调查者的顾虑。

问卷说明也可以信函的形式出现，格式上有称呼和落款。落款处写明调查的组织机构名称和日期，较为简易的调查表也可省略这部分。

（2）正文

该部分是问卷的主体，主要包括被调查者信息、调查项目、调查者信息3个部分。

1）被调查者信息：主要用于了解被调查者的一些主要特征，如参展企业的名称、地址、规模、所在国民经济行业、职工人数等；观众的姓名、性别、年龄、职业、受教育程度等。具体列入多少项目，应根据调查目的和调查要求而定，并非多多益善。

2）调查项目：是调查问卷中最重要的部分，直接影响整个会展调查的价值。由于采用问卷的形式，调查问卷的主体内容应主要根据调查目的提出调查问题和可供选择的答案。

3）调查者信息：用来证明调查的执行、完成情况和调查人员的责任等，方便日后进行复查和修正。一般包括调查者姓名、电话，调查时间、地点，被调查者当时合作情况等。

（3）结束语

在调查问卷最后，简短地向被调查者强调本次调查活动的重要性，并再次表达谢意。例如，"为了保证调查结果的准确性，请您如实回答所有问题。您的回答对于我们得出正确的结论很重要，希望能得到您的配合和支持，谢谢！"

4.1.3　问卷项目设计

问卷项目设计的好坏是关系调查活动能否成功的关键因素，它对调查问卷的有效性、真实度等起着至关重要的作用。在设计问卷项目时，首先要确定调查目的、数据分析方法等因素，再确定问题类型。

4.1.3.1　问卷类型

一般来说，问卷的类型包括封闭式、开放式和混合式3种形式。

（1）封闭式问卷

把将要调查问题的答案事先固定下来。其优点是答案规范，便于统计，但不能反映深层问题。同时，答案的完备性和互斥性是设计的关键。

（2）开放式问卷

对答案没有事先规定，或者只提供答案的回答方向。这样被调查者可自由发挥，可以发现一些研究者事先可能并未察觉的问题和信息。

（3）混合式问卷

应用面可能更广。因为从理论上讲，这种方式可以发挥以上两者的优点，回避两者的缺点。但是在应用时要注意以下几点：一是问卷的内容安排，一般是封闭式问题在前，开放式问题在后；二是开放式问题和封闭式问题的比例要根据不同的研究对象和研究目的合理安排；三是开放式问题和封闭式问题是设计问卷时的一个相对概念，并不存在明确的指向性。因此，哪些问题用封闭式、哪些问题设计成开放式要根据获取研究资料的有效性和满足程度来决定。

4.1.3.2 问题类型

问卷中的问题包括以下几种类型：

（1）事实性问题

涉及基本状况、客观行为等问题，如年龄、性别、教育程度、收入、企业规模等。例如："贵公司有多少名员工？"

（2）主观性问题

主要反映回答问卷者的态度、信念、感受和需要等问题。例如："您是否认为参观房展是购房的良好途径？"

（3）趋向性问题

例如："下届展会您是否考虑参加？"

（4）解释性问题

提供几种研究假设来研究几个变量之间的关系，并提出理由说明。通常是为了深入了解一些问题回答后追问其原因的补充性问题。例如："房交会、成交会趋旺的主要理由有哪些？"

4.1.3.3 问题格式

设计问卷时要先根据需要确定以上各类问题的比例，然后再具体设计问题格式。问题的格式主要有：

（1）是否式

突出两个极端化答案，有些是客观存在的，有些是调查者为了回避某种偏差和其他需要有意设计的。其优点是可在短时间内获得明确的答案，可使保持中间态度者不得不偏向一方；缺点是不能了解被调查者意见在程度上的差别。

例如：您参加过上届展会吗？（ ）

A. 是　　　　 B. 否

（2）选择式

通常有 3 个或 3 个以上备选答案，多数情况下将答案个数设计为 4 个。一般只允许选 1 个答案，答案之间不能相互交叉。

例如：您的教育背景（ ）。

A. 高中以下　 B. 高中/中专　　 C. 大学/大专　　 D. 大学以上

（3）填入式

像年龄、性别等涉及被调查者基本特征的变量，可使用填入式问题设计，方便又可信。

（4）排列式

按重要性程度依次排列答案供受调查者选答。此类设计研究更有深度，但是作答难度增大，受调查者回绝比例较高。

（5）量表式

用尺度表示某种态度，在调查受调查者对某个问题的态度的问卷中经常使用。其结构性强，可以进行较高层次的统计分析。

例如：总体来说，您对本届展会的现场交通服务（　　）。

A. 非常不满意　　　B. 不满意　　　C. 一般　　　D. 满意　　　E. 非常满意

由于开放式问卷被调查者可随自己的意愿回答，因而，分析其意见与原因，调查者可以获取意想不到、原先被忽略的信息。同时，由于没有约束，回答问题不受限制，可以探讨一些建设性的意见。但其缺点是难以获得针对性意见，各抒己见使答案分散，难以统计。在实践中，可以通过"有限度开放问题设计"和"有限度答案统计分析"来解决，例如："在展位分配方面，您对下届展会有哪些建议"等。

4.1.4　调查问卷的制作要求

调查问卷的制作要求如下：

问卷中所有的题目都与研究目的相符。

问卷尽可能简短，其长度只要足以获得重要资料即可，填答时间最好控制在 30 分钟以内，否则问卷太长会影响填答者的态度。

问卷的题目要由一般至特殊，并具有逻辑性。

问卷的指导语或填答说明要清楚，没有歧义。

问卷的编排格式要清晰，翻页要顺手，指示符号要明确，不至于让填答者有瞻前顾后的麻烦。

调查问卷举例如下：

参展商问卷调查	评析
2012 第十六届中国烘焙展览会参展商调查问卷 尊敬的参展商： 　　您好！ 　　感谢您在金色的五月与我们相聚广州琶洲展馆，共同参与"2012 第十六届中国烘焙展览会"，对于您的支持和信任我们深表感谢！为了更大限度地满足您的参展需求，不断提升我们的服务质量和服务水平，特此劳烦您填写以下调查问卷。再次感谢您对全国工商联烘焙业公会（A.C.B.A.）工作的配合和理解！	前言介绍问卷调查的目的和意义
第一部分： 贵公司名称：　　　　　　您的姓名： 职务：　　　　　　　　　展位号：	被调查者信息

第二部分：	问卷说明主要是问卷填写方式等方面的介绍
填写说明：你认为下列问题哪一项最合适，请在选项上打"√"。（可多选）	
1. 贵公司参加本届展览，主要目的：	
□A. 建立和拓展业务　　　　　□B. 与新旧客户和供应商见面、联系	
□C. 通过展会打开市场　　　　□D. 寻找适合的代理	
□E. 寻找合作伙伴　　　　　　□F. 交流信息，探索市场发展趋势	
2. 贵公司最希望见到的专业观众：	
□A. 面包店　　□B. 经销商　　　　□C. 批发/零售商	
□D. 进出口商　□E. 酒店　□F. 超市　□G. 餐饮服务	
□H. 生产加工　□I. 其他（请注明）＿＿＿＿＿＿＿	问题类型、问题格式具有多样性
3. 本届展会同期举办的活动，哪项给您的印象最深或对您的业务开展最有帮助？（可多选）	
□A. "新良杯"第四届世界面包大赛中国区选拔赛	
□B. 马来西亚食品文化节	
□C. 第四届"宝桃杯"全国烘焙知识竞赛	
□D. 烘焙群英荟第四季	
□E. 咖啡文化节	
□F. 第十六届烘焙文化与经济论坛	
□G. 国际华联烘焙总会展示活动	
4. 贵公司了解该活动的主要渠道：	
□A.《中华烘焙》杂志　　□B. 中国烘焙信息网　　　□C. 手机短信	
□D. 行业内刊物　　　　　□E. 行业内网站　　　　　□F. 经销商会议	
□G. 朋友介绍	
5. 您希望了解哪些国家或地区的烘焙行业发展情况：	调查项目全面、广泛，并具有一定的针对性，即针对参展商
□A. 日本　□B. 韩国　□C. 东南亚　□D. 中国台湾　□E. 北欧	
□F. 西欧　□G. 南非　□H. 大洋洲　□I. 美国	
6. 该活动所提供的服务项目中对贵公司帮助最大的是：	
□A. 中国烘焙展览会　　　　　　□B. 《中华烘焙》月刊	
□C. 中国烘焙信息网　　　　　　□D. 会员通讯录（年刊）	
□E. 烘焙通讯　　　　　　　　　□F. 烘焙之旅考察交流团	
□G. 烘焙文化与经济论坛研讨会　□H. 教育、培训专业委员会	
□I. 魅力烘焙行业发展年会　　　□J. 烘焙企业黄页	
□K. 专家委员会　　□L. 全国工商联烘焙业公会烘焙培训技术交流中心	
□M. 中华烘焙大赛	
□N. 中华烘焙老字号、中华特色名点、明星饼屋、特色饼店评比	
7. 《中华烘焙》栏目设置方面对贵公司或您最有帮助的是：	
□A. 关注　　□B. 管理　　□C. 技术　　　　□D. 企业专题策划	
□E. 采风　　□F. 咖啡专栏　　□G. 巧克力专栏　　□H. 书架	
还需要增添哪些专栏＿＿＿＿＿＿＿＿	
8. 贵公司产品将要开拓的市场在：	
□A. 全国　□B. 华南　□C. 华东　　□D. 华北	
□E. 其他（请注明）＿＿＿＿＿＿＿	结束语
再次感谢您对"2012 第十六届中国烘焙展览会"的参与和支持！	

资料来源：http: //www.mstarsoft.coml，有改动。

4.2　会展市场调研的含义

会展市场调研，是指运用科学的方法，有系统、有计划、有组织地搜集、调查、记录、整理和分析有关会展产品、服务及市场等方面的信息，客观地测定、评价并发现各种事实，以此协助解决会展经营决策相关问题，并作为各项经营决策的重要依据。

会展市场调研文案的写作，主要包括会展调查问卷和调查表的设计，以及会展调查报告的撰写。

4.3　会展市场调研的内容和步骤

为成功举办会展活动，主办方需要开展一些基本的调研。主要包括以下内容：

了解选择什么项目作为一个城市发展会展业的基础；

关于一次会展项目主题的调研；

关于各大会展场馆的硬件条件以及服务水平的调研；

关于参观人数的调查、预测；

关于同类会展活动竞争者情况的调研；

关于会展评估相关方面的调研。

会展调研一般采用定性研究与定量研究相结合的方法。定性研究是以现有的文献资料或经验材料为依据，运用演绎、归纳、比较、分类、矛盾分析等方法，对社会现象进行研究。定量研究则是运用概率、统计原理，对社会现象的数量特征、数量关系和事物发展过程中的数量变化等方面进行研究。

具体的调研方法有观察法、询问法（包括问卷访问法、小组焦点访谈法、深度访谈法）、试验法及二手资料分析法等。

会展市场调研由一系列调研事项和阶段构成，步骤如下：

（1）明确调研目标

这是会展市场调研的第一步，要明确为什么要进行此项调研，通过调研想了解哪些问题，以及调研结果的用途是什么。

（2）设计调研方案

在明确调研目标后，还需要阐明调研的内容，确定调研问题的具体项目，并据此设计调查问卷或调查表。同时，还需明确在何处调研、找何人调研、用何种方式调研。

（3）收集调研资料

全面收集调查问卷或调查表等调研资料。

（4）整理和分析调研数据

对收集到的资料进行进一步的整理和分析，提取有价值的信息。

（5）撰写调研报告

依据分析结果，撰写结构完整、内容翔实的调研报告。

4.4 会展市场调研的特点

（1）专业性要求高

问卷设计、现场访谈、统计处理、分析研究等过程中涉及会展行业内部以及相关会展主题行业的诸多专业知识。

（2）访谈和研究对象复杂

访谈和研究对象主要为参展商（参会代表）、观众、协会、会展服务商、场馆、相关政府公务员等各类专业人员。

（3）政策性很强

会展活动具有一定的公共性，从国家层面而言，会展产业是带有公共性质的活动，各级政府的有关规定政策限制较多，涉及批文、价格、渠道、广告、宣传促销等多个方面。

4.5 会展市场调研问卷和调查表

在会展活动开始前，通过发放问卷了解有关信息，主办方根据调研结果决定是否举办这次会展活动。问卷涉及的问题包括答题人的性别、年龄和收入等个人特征，以及答题人对拟举办展览的支持态度等。此外，还可以设置一些开放性的问题，例如：请给出不参加此次会展活动的理由等。

4.6 会展市场调研报告

4.6.1 会展市场调研报告的内容

会展市场调研报告是市场调研的结晶，是提供给使用者参考以作出决策的基础。如果不能提供一份优质报告，即使调研设计得再科学、数据分析得再细致、问卷表达得再清晰、数据质量控制得再好，也不能达成市场调研的目的，不能为市场决策提供有效依据。因此，写好会展市场调研报告十分重要。

会展调研报告应具备及时性、针对性、准确性和系统性等特点。

会展市场调研报告一般主要包括以下内容：标题、目录、概要、研究方法、调研的局限性、调研结果、结论和建议及附录。

4.6.2 会展市场调研报告的结构与写法

（1）标题

标题页一般是报告的封面。标题必须清楚地说明调研内容，设计时应营造一种专业形象并能引起读者兴趣。如果报告涉密，应在标题页的适当位置标明。标题页的内容包括：调研报告的题目或标题，必要时可加副标题，文字可长可短，但应概括出报告的主要内容、负责机构的名称、调研项目负责人姓名及所属机构、报告日期。

（2）目录

目录中要列出报告中的章、节及其他关键的标题和相应的页码。如果图表资料较多，可另列一份图表索引。

（3）概要

概要又称提要、主题、摘要等，其目的是对研究结果、结构及建议进行概述。概要应在报告完成后撰写，要求语句精练，篇幅不宜过长。

（4）研究方法

这部分可对第二手资料进行简略描述，但其主要目的还是阐述获得原始资料的方法。不仅要对这些方法进行描述，还要说明使用它们的必要性，如为何采用邮寄问卷方法而非其他方法。

如果研究中包括抽样，除了要描述样本获取方式和确定样本大小的方法，还应描述目标总体，提供足够的信息让读者判断样本资料的准确性和代表性。在技术性报告中，要用一定的篇幅来描述抽样方法。如果采用个人访问，要说明调研员的选择方法及培训方式。此外，这部分还要介绍资料分析工具，如相关分析、回归分析等。

（5）调研的局限性

调研报告应说明本次调研的局限性，指出研究结果的不足之处，以便使用者在应用研究结果时考虑相关情况。报告应实事求是地描述这些局限性，对局限性的任何夸大都会引发对整个研究结果的怀疑。

（6）调研结果

调研结果部分是将调研所得资料呈现出来，包括数据图表资料及相关文字说明。在调研报告中，常用若干统计表和统计图来展示数据资料，并且必须对图表中数据资料所隐含的趋势、关系或规律加以客观描述和分析，对调研结果作出解释。

调研结果构成报告的主体，是报告的主要部分，其任务是体现调研人员搜集到的所有相关事实和观点。这部分陈述通过调研得到的信息，并不对调研企业的计划作任何暗示。如果资料没有经过适当筛选，读者会因事实和数据太多而找不到调研的关键成果。

（7）结论和建议

在报告的这一部分，调研人员要说明调研获得哪些重要结论，以及根据调研结论企业应该采取什么措施，这也是阅读者最感兴趣的。有些人可能只阅读报告的结论部分，因此这部分应作为所有关键信息的总结。

结论部分包括对调研结果分析和解释的简单陈述，建议部分则将结论转化为特定的行动方案。结论的提出应以简洁而明晰的语言对调研前提出的问题作出明确答复，同时简要引用有关背景资料和调研结果加以解释。

（8）附录

附录可形象地称为调研报告中的"杂货店"。所有与调研结果相关，但放在报告正文中会影响正文逻辑次序的资料都可放在附录里，例如：对抽样设计的说明、确定样本大小的统计方法、统计表格、问卷等。

4.6.3　会展市场调研报告的写作要求

一份优秀的会展市场调研报告应当符合以下要求：报告语言应力求精练，有说服力；报告必须结构严谨，体裁简洁，不能漏掉重要资料；要有明确的结论和建议，并能让读者了解调研过程的全貌。

会展市场调研报告举例如下：

北京企业商务会议市场调研报告	标题
目录（略）	目录
概要	
随着 2008 年北京奥运会的成功举办，京北奥运商圈的发展吸引了越来越多投资者的目光。北京地区的商务会议需求进一步得到了强化。为了解当前企业在召开商务会议时在会议内容、选择地点及考虑因素等方面的需求，以及京北六家主要三星级酒店的会议顾客对其满意度的评价，试图总结出北京地区会议需求的主要特点，发现京北主要三星级酒店对酒店会议需求的满足情况，并为有意进入奥运商圈内酒店业的投资者提供建议，零点指标数据网与远景投资就此对北京地区的国家机关、各类企事业单位和京北六家主要三星级酒店的会议顾客进行了专题研究。本次研究的内容包括国家机关和各类企事业单位召开会议的频次、预算、地点选择、主要考虑因素等；京北六家主要三星级酒店的会议顾客对它们各项指标的满意度评价。	调研报告的概要部分
第一部分　调研目的与调研方法	介绍此次调研采用的方法，并说明此次调研的局限性
一、调研目的（以下只保留标题，内容略）	
二、调研方法（以下只保留标题，内容略）	

第二部分　定量调研发现	
第一章　企事业单位会议需求的主要特点	
1. 企业酒店会议需求旺盛，会议形式多样	
2. 市内酒店仍是企事业单位举行重要会议的首选地点	
3. 因会议选择酒店最先考虑的因素仍是性价比	
4. 直观感受直接影响会议客户的选择	调研结果是报告的主体，是调研人员收集到的所有相关事实和观点
5. 与会者对酒店的会议服务条件最关注的是能否方便参会人员	
6. 高端会议设备开始走入企事业单位会场	
7. 与会人员对酒店周边环境最关注的是交通状况	
8. 卫生和服务在酒店餐厅环境中最受关注	
9. 会议期间的娱乐活动，以打保龄球最受欢迎	
第二章　奥运商圈内的投资机会	
1. 北京北部三星级酒店劳动大厦知名度最高	
2. 商务酒店是今后酒店的经营发展方向	
3. 对于酒店管理模式，普遍认为应采用专业化管理	
4. 对于酒店的取名，受访者认为具有"国际化"色彩的名字较好	
第三章　京北六家主要三星级会议酒店的满意度评价	
1. 交通状况、所处地段和周边环境等硬性指标易形成竞争优势	
2. 服务员态度在服务水平的四项指标中相对较高	
3. 各大酒店的住宿条件对外地来京开会顾客更有吸引力	
4. 干净是顾客对六大酒店餐饮环境最认同的因素	结论和建议是对调研结果的分析和解释的简单陈述，使得结论转化为特定的行动方案。
5. 总体水平、所处地段、会场硬件和价格合理是顾客会继续选此酒店的主要指标	
第三部分　结论与建议（内容略）	
第四部分　技术报告	
一、执行区域和执行时间	技术报告有助于读者全面了解调研实施过程，增强报告可信度
二、各地执行样本分布情况	
三、调查对象背景情况	
四、复核情况	

【知识小结】

　　会展问卷调查：是运用问卷的方式向参展商、客商和普通观众收集参加会展活动的意向、意见和要求的文书。会展调查问卷作为实现调查目的和搜集数据的必要手段，在设计时需遵循一定的原则。

　　调查问卷的制作要求：问卷中所有题目都应与研究目的相符；问卷尽可能简短，长度以足以获得重要资料为宜，填答时间最好控制在 30 分钟以内，否则问卷太长会影响填答者的态度和耐心；问卷题目应按照从一般到特殊的顺序编排，并具有逻辑性，引导填答者逐步深入作答；问卷的指导语或填答说明要清楚，没有歧义；问卷的编排格式要规整，翻页要顺手，指示符号要醒目，减少填答者在填写过程中的困扰。

会展市场调研：是以科学的方法，有系统、有计划、有组织地搜集、调查、记录、整理、分析有关会展产品、服务及市场等信息，客观地测定、评价并发现各种事实，用以协助解决有关会展经营决策问题，并作为各项经营决策的依据。

会展市场调研报告主要内容：标题、目录、概要、研究方法、调研的局限性、调研结果、结论和建议及附录。

会展市场调研的特点：专业性要求高；访谈和研究对象复杂；政策性很强。

【案例】

2024—2030 年中国绿色会展行业市场调研与发展前景报告

绿色会展是现代会展业发展的新方向，强调展会从策划到执行全过程的环保理念，具体措施包括采用可再生或循环利用的展材、减少废弃物产生、推行电子化服务、提倡节能低碳的设施使用等。目前，许多国际大型会议和展览活动都在积极实施绿色会展策略。

未来，绿色会展在全球范围内的影响力将持续扩大，将更加注重碳排放控制与零废弃目标的实现。随着数字技术的飞速发展，虚拟现实、增强现实等沉浸式技术将在绿色会展中发挥关键作用，在降低实体物料消耗的同时提升参展体验。政策层面的支持与引导，以及相关标准体系的建立和完善，都将促使绿色会展成为行业标配和评价体系的重要组成部分。

《2024—2030 年中国绿色会展行业市场调研与发展前景报告》在多年绿色会展行业研究的基础上，结合中国绿色会展行业市场的发展现状，通过资深研究团队对绿色会展市场资料进行整理，并依托国家权威数据资源和长期市场监测的数据库，对绿色会展行业进行了全面、细致的调研分析。

第一章 绿色会展产业概述

……

第二章 中国绿色会展行业发展环境调研

第一节 绿色会展行业政治法律环境分析

一、绿色会展行业管理体制分析

二、绿色会展行业主要法律法规

三、绿色会展行业相关发展规划

第二节 绿色会展行业经济环境分析

一、国际宏观经济形势分析

第十章 2024—2030 年绿色会展行业展趋势预测分析

第一节 2024—2030 年绿色会展市场发展前景

一、绿色会展市场发展潜力

二、绿色会展市场前景预测

三、绿色会展细分行业发展前景预测

第二节 2024—2030 年绿色会展发展趋势预测分析

一、绿色会展发展趋势预测分析

二、绿色会展市场规模预测分析

三、绿色会展行业应用趋势预测分析

四、细分市场发展趋势预测分析

第三节 影响绿色会展企业生产与经营的关键趋势

一、市场整合成长趋势

二、需求变化趋势及新的商业机遇预测分析

三、企业区域市场拓展的趋势

四、科研开发趋势及替代技术进展

五、影响绿色会展企业销售与服务方式的关键趋势

第十一章 研究结论及投资建议

第一节 绿色会展行业研究结论

第二节 绿色会展行业投资价值评估

第三节 绿色会展行业投资建议

一、绿色会展行业发展策略建议

二、绿色会展行业投资方向建议

三、绿色会展行业投资方式建议

资料来源：https://pdfs.cir.cn/ShangYeMaoYi/29/绿色会展行业前景_3966629.pdf。

案例分析：产业调研网发布的《2024—2030 年中国绿色会展行业市场调研与发展前景报告》可以帮助投资者准确把握绿色会展行业的市场现状，对行业前景作出预判，挖掘投资价值，同时提出投资策略、营销策略等方面的建议。

【任务测试】

1. 一份完整的会展调研报告应包括哪些内容？

2. 会展调查问卷的结构一般包括哪些？

3. 会展调查问卷类型有哪些？各有何优缺点？

4. 会展市场调查报告的内容有哪些？

5. 会展市场调查报告有哪些特点？

【任务拓展】

随着全球对环境问题的日益关注，绿色会展项目应运而生，旨在通过减少资源消耗和环境污染，推动会展行业的可持续发展。本次实训任务将模拟一个真实的市场调查环境，让学生通过实践活动深入理解绿色会展的概念、实践以及市场潜力。

1. 任务内容

了解绿色会展项目在国内外的发展现状和趋势；选取国内外成功的绿色会展案例进行深入分析；调查目标受众对绿色会展的认知和需求；对选定的绿色会展项目进行优势、劣势、机会和威胁分析（SWOT 分析）；基于调研结果，提出提升绿色会展项目吸引力和竞争力的策略；撰写一份包含调研过程、分析结果和策略建议的报告；准备一次口头报告，向评审团展示调研成果。

2. 任务要求

调研方法需科学合理，数据收集需真实可靠。

分析需深入，能够揭示问题本质，提出切实可行的策略建议。

报告需结构清晰，逻辑严谨，语言流畅。

展示需表达清晰，能够吸引听众注意，有效传达调研成果。

3. 字数要求

调研报告正文部分不少于 3000 字，不设上限。

附录、图表、参考文献等不计入字数要求。

4. 评价标准

调研方法：调研方法的科学性和合理性（20%）。

数据分析：数据收集和分析的准确性和深度（20%）。

案例选择：案例的代表性和分析的深入性（15%）。

策略建议：策略的创新性、实用性和可行性（20%）。

报告撰写：报告的结构、逻辑和语言表达（15%）。

成果展示：展示的表达能力、互动性和吸引力（10%）。

项目5　绿色展览项目立项与组织工作方案

【学习目标】

1. 掌握绿色展览项目的立项流程和标准
2. 学习绿色展览项目的组织与实施方法
3. 能具备制订绿色展览项目详细工作方案的能力

【学习引导】

2010年上海世博会绿色展览项目案例

上海世博会是展示全球创新与技术的一个重要平台，其中绿色展览项目格外引人注目。2010年上海世博会的主题是"城市，让生活更美好"，"绿色城市"作为重要子主题，旨在展示和推广环保技术及可持续发展理念。

上海世博会吸引了来自全球的参展者和观众，项目主要目标包括展示最新的环保技术和产品、降低展会对环境的影响，以及推广绿色理念。通过绿色展览项目，世博会希望引导城市建设与生活方式向绿色转型，提升公众的环保意识。

在项目立项阶段，上海世博会组织委员会进行了详细的需求分析和市场调研，明确了目标受众，包括环保企业、科研机构、政府部门和普通公众。项目可行性研究重点评估了所需资源和潜在风险，并制订了详细的应对措施。项目策划书详细列出了项目背景、目标、预算和时间计划，并通过了内部和外部审批程序。项目组织结构包括项目经理和各职能小组，如市场推广组、设计组、技术支持组和后勤保障组。展会设计与布局采用环保材料和可再生资源，合理规划展区布局，确保展示效果和观众的流动顺畅。绿色供应链管理选择具有环保资质的供应商，确保展会物资绿色环保。现场管理和执行实施了节能减排措施，如使用节能灯具、设置垃圾分类设施，并通过现场监控系统实时监控环保指标。

上海世博会绿色展览项目取得了显著成果，成功展示了全球领先的绿色技术和产品，提升了公众的环保意识，并为未来的展览项目提供了宝贵经验。绿色建筑设计减少了能源消耗和碳排放，环保设施如太阳能发电设备和雨水收集系统得到了广泛应用。一系列互动展览和教育活动吸引了大量公众参与，提升了环保意识。

上海世博会绿色展览项目不仅在当时取得了成功，还为之后的各类绿色展览项目提供了模板。其系统的项目管理、科学的规划、严格的实施以及全面的评估反馈机制，均为其他类似项目提供了宝贵的参考和借鉴。这个案例表明，绿色展览项目不仅可以实现环保目标，还能推动绿色技术的普及和公众环保意识的提升。

资料来源：www.expo2010.cn（作者整理）。

思考：通过精心规划和有效执行，上海世博会绿色展览项目成为绿色展览领域的经典案例，展示了如何将绿色理念贯穿大型国际展会的全过程，并取得显著的环保效益和社会效益。

【任务认领】

随着全球经济的发展和环保意识的增强，绿色会展作为一种可持续发展的会展形式越来越受到重视。绿色会展不仅能减少对环境的负面影响，还能提高资源利用效率，推动经济和社会的协调发展。作为未来的专业人才和社会的一员，学生们有责任和义务积极传递绿色会展理念，促进会展行业的绿色转型。

任务要求：

任务 1：背景调研与需求分析

● 任务描述：调研绿色展览的行业背景，分析潜在需求。

● 预期成果：形成调研报告

任务 2：项目可行性研究与策划书编写

● 任务描述：进行项目的可行性研究，编写策划书。

● 预期成果：完成项目策划书

5.1　绿色展览项目立项

5.1.1　绿色展览项目立项的概念

绿色展览项目立项是指在展会组织过程中，通过科学的分析和评估，对项目的可行性、必要性及预期效果进行系统研究，并最终决定是否启动该项目的过程。立项是展会项目管理的起点，包含项目规划、资源配置、预算编制、风险评估等一系列活动。

5.1.2 绿色展览项目立项的意义

1）明确项目目标：通过立项，可以明确展会的举办目的、目标受众和预期成果，为后续工作提供方向和依据。

2）评估可行性：立项过程中通过市场调研和可行性分析，评估项目的可行性，确保项目有能力实现目标。

3）优化资源配置：立项可以有效配置和利用资源，避免资源浪费，提高项目执行的效率和效果。

4）风险控制：通过风险评估和应对策略的制定，可提前预防和控制潜在风险，保障项目顺利实施。

5）获得支持和审批：通过立项报告和可行性研究，争取内部和外部相关部门的支持和审批，确保项目的合法性和合规性。

5.1.3 绿色展览项目立项流程

（1）需求分析

首先，进行市场调研，了解行业发展趋势、市场需求和竞争状况。市场调研能够帮助确定展会的主题和定位，了解潜在参展商和观众的需求。通过调查问卷、访谈和数据分析等多种方法，全面收集市场信息，为项目决策提供依据。

其次，进行目标受众分析，明确展会的主要目标受众，如企业、技术提供商、政府机构和公众等。了解目标受众的需求，有助于制定更具针对性的展会内容和宣传策略。通过分析目标受众的行为习惯和偏好，设计出更加吸引人的展览内容和活动。

（2）可行性研究

可行性研究主要包括资源评估、技术可行性和法律可行性等。

资源评估：评估项目所需的各类资源，包括人力、物力和财力。资源评估有助于确保项目能够获得足够的支持。通过资源调配和预算编制，确保项目各环节的资源需求得到满足。

技术可行性：分析项目所需技术的可行性和先进性，确保技术支持能够满足展会需求。评估展会所需的技术设备和解决方案，确保展会的技术保障和顺利实施。

法律可行性：确保项目符合相关法律法规和政策要求，避免法律风险。通过法律咨询和合规审查，确保项目在法律框架内合法合规地运行。

（3）编制项目策划书

编制项目策划书是项目立项的关键环节。项目策划书包括项目概述、实施方案、资源计划、风险评估等内容。

项目概述：包括项目名称、背景、目标和主要内容。项目概述为展会提供了一个全面的框架，帮助各方理解项目的整体情况。

实施方案：将详细描述项目的实施步骤、时间安排和资源配置，确保项目的每个环节都有清晰的规划。通过详细的实施方案，确保项目有条不紊地执行，按计划推进。

资源计划：包括资金预算、物资需求、人力资源等，资金预算需要详细列出各项开支，包括场地租赁、展览布置、宣传费用等。物资需求是指确定所需的物资，如展览展台、宣传册、电子设备等。人力资源则是评估所需的人力资源，包括志愿者、安保人员等。

风险评估：分析项目可能面临的各类风险，并制定相应的应对措施，提高项目的抗风险能力。通过风险评估和管理，确保项目在风险可控的范围内顺利实施。

（4）审批与立项

审批包括内部审批与外部审批。

内部审批：将项目策划书提交公司管理层审批，争取内部资源和支持。内部审批是项目立项的关键环节，确保项目得到高层的认可和支持。

外部审批：根据项目性质，向相关政府部门或行业协会申请必要的审批和许可，确保项目的合法性和合规性。获得外部审批，意味着项目符合相关法律法规和政策要求。

（5）项目启动

项目审批通过并正式立项之后，根据项目需要组建项目团队，明确各成员的职责和任务。项目团队的组成直接关乎项目的执行效果，通过合理分工和职责分配，确保项目各项任务高效完成。项目启动时一般召开项目启动会议，宣讲项目目标、实施方案和时间计划，确保团队成员理解和认同项目，提高团队的协同工作效率。启动会议的召开，标志着项目正式进入实施阶段，各项工作全面展开。

5.2　编制展览项目策划书

5.2.1　项目策划书的概念

项目策划书是一份详细的书面文件，旨在系统阐述项目的目标、背景、可行性、实施计划、预算以及风险管理策略。它为项目勾勒出清晰的蓝图，确保所有相关方理解项目的发展方向和预期成果，并为资源分配和决策提供依据。项目策划书不仅有助于项目团队有效地规划和执行项目，还能吸引投资者或赞助者的支持，提升项目成功的可能性。

5.2.2 编制项目策划书

编制项目策划书是一项复杂且细致的工作，涉及多个方面的内容和步骤。以下是编制项目策划书的详细指南，涵盖从初步调研到最终提交审批的全过程。

5.2.2.1 项目策划书的结构

（1）封面

封面是项目策划书的开头页，提供项目的基本信息，包括项目名称、项目编号、编制单位和编制日期。它为读者提供了一个概览，便于文件的识别和归档。

示例：

项目名称：简要反映项目的核心内容，如"2024 年绿色科技展览"。

项目编号：公司内部或外部（如政府项目）的编号，如"GT-2024-001"。

编制单位：负责编写策划书的单位或团队名称，如"绿色创新展示团队"。

编制日期：策划书编制完成的日期，如"2024 年 6 月 8 日"。

（2）目录

目录列出策划书的各个部分及其对应的页码，方便读者查阅和定位内容。它确保读者能快速找到所需信息，提高阅读效率。

示例：

封面……………………………………1

目录……………………………………2

摘要……………………………………5

项目背景………………………………8

……

（3）摘要

摘要是对项目策划书的简短概括，涵盖项目的背景、目的、主要内容和预期成果。它为读者提供项目的整体概况，便于读者快速理解项目的核心信息。

示例：

项目概述：简要描述项目的背景、目的和重要性。例如，"本项目旨在展示最新的绿色科技成果，促进可持续发展技术的推广。"

主要内容：概述项目的核心内容，包括主要任务和活动。例如，"主要任务包括展览场地布置、参展商招募、宣传推广等。"

预期成果：简要说明项目的预期成果和效益。例如，"预期可吸引 5000 名参观者，促成 20 项技术合作协议。"

（4）项目背景

项目背景部分阐述项目的起因和背景，包括市场需求、技术背景和政策背景等。这部分内容解释了项目的必要性和重要性，为项目的实施提供背景支撑。

示例：

项目来源：描述项目的起因和背景。例如，"随着全球对可持续发展的重视，市场对绿色科技产品的需求不断增加。"

项目意义：阐明项目的重要性和必要性。例如，"本项目不仅有助于提升公司品牌形象，还能带来可观的经济收益和社会效益。"

（5）项目目标

项目目标部分明确项目的总体目标和阶段性目标，需遵循 SMART 原则，即具体（Specific）、可衡量（Measurable）、可实现（Achievable）、相关（Relevant）和有时限（Time-bound）。它帮助项目团队和相关方理解项目期望达成的成果。

示例：

总体目标：明确项目的总体目标。例如，"在 2024 年内成功举办一次绿色科技展览，吸引 5000 名参观者。"

阶段性目标：列出项目各个阶段的具体目标。例如，"第一阶段完成市场调研和展览规划，第二阶段完成参展商招募和场地布置。"

（6）市场调研

市场调研部分分析市场规模、需求和竞争情况，了解目标用户的特征和行为，分析竞争对手的优劣势。它为项目的市场策略提供数据支持。

示例：

市场分析：市场规模、市场需求和市场竞争情况的详细分析。例如，"当前绿色科技市场规模达数十亿美元，且每年以 10% 的速度增长。"

用户分析：目标用户的特征、需求和行为分析。例如，"目标用户包括环保技术研发公司、政策制定者、环保组织等。"

竞争对手分析：主要竞争对手的优劣势分析。例如，"主要竞争对手为'国际绿色科技展'，其优势在于品牌影响力大，劣势在于市场细分不明确。"

（7）项目方案

项目方案部分详细描述技术路线、实施计划、资源配置和项目组织结构。它为项目提供具体执行路径和资源需求，确保项目顺利进行。

示例：

技术方案：详细描述项目的技术路线。例如，"采用太阳能发电和环保材料搭建展览场地，确保整个展览的低碳排放。"

实施方案：明确项目的总体实施计划和具体步骤。例如，"2024 年 1—2 月进行市场调研，3—4 月完成参展商招募，5—6 月进行场地布置。"

资源配置：明确项目所需的人力、物力和财力资源及其配置方案。例如，"项目组由 10 人组成，预算为 50 万美元，主要用于场地租赁、宣传推广等。"

项目组织：介绍项目团队的组织结构、成员分工和职责。例如，"项目经理负责整体协调，市场部负责宣传推广，技术部负责展览技术支持。"

（8）风险分析

风险分析识别并评估项目可能面临的主要风险，同时制定相应的风险应对策略。它帮助项目团队提前做好准备，减少项目实施中的不确定性。

示例：

风险识别：识别项目可能面临的主要风险。例如，"可能面临的风险包括市场需求不足、技术实现困难等。"

风险评估：评估每个风险的可能性和影响程度。例如，"市场需求不足的风险较大，可能导致参观人数不达标，需重点关注。"

风险应对：制定相应的风险应对策略和措施。例如，"通过加大市场宣传力度和灵活调整票价来应对市场需求不足的风险。"

（9）财务分析

财务分析部分估算项目的总体成本，分析预期收益，并计算投资回报率等财务指标。它帮助评估项目的经济可行性和财务健康状况。

示例：

成本估算：对项目的总体成本进行估算。例如，"直接成本包括场地租赁费、宣传推广费等，共计 30 万美元；间接成本包括人员工资、管理费等，共计 20 万美元。"

收益分析：对项目的预期收益进行分析。例如，"预期收入包括门票收入、赞助收入等，共计 60 万美元；社会效益包括提升公司品牌影响力、促进绿色科技发展等。"

投资回报分析：计算投资回报率、净现值和回收期等财务指标。例如，"预计投资回报率为 20%，净现值为 10 万美元，回收期为 1.5 年。"

（10）项目管理

项目管理部分涵盖质量管理、进度管理、成本管理、沟通管理、采购管理和风险管理。通过这些管理措施，确保项目高质量、按时且在预算范围内完成。

示例：

质量管理：明确质量目标和质量控制措施。例如，"确保展览场地布置符合绿色环保标准，展览内容具有高水平的技术性和创新性。"

进度管理：制订项目的进度计划和进度控制方法。例如，"采用甘特图管理项目进度，定期召开项目会议，确保各项工作按计划进行。"

成本管理：明确成本控制措施和方法。例如，"通过严格的预算管理和成本监控，确保项目在预算范围内进行。"

沟通管理：制订项目内外部沟通计划和沟通渠道。例如，"建立定期沟通机制，通过邮件、电话、会议等多种方式保持项目组成员和相关方的沟通畅通。"

采购管理：制订采购计划和采购策略。例如，"选择信誉良好的供应商，通过竞争性谈判获取最优采购价格。"

风险管理：强调风险监控和应对措施。例如，"定期进行风险评估，及时调整风险应对策略，确保项目顺利进行。"

（11）附件

附件部分包括所有相关的支持文件，如技术文件、市场调研报告、财务分析报表和法律文件等。这些文件为项目策划书提供详细的背景资料和数据支持。

示例：

相关的技术文件、市场调研报告、财务分析报表、法律文件等。例如，"包括市场调研报告、预算明细表、技术方案详解等。"

5.2.2.2 编制步骤

（1）初步调研

首先，广泛收集与项目相关的初步信息和数据，如市场需求、技术背景、竞争状况等。接着，进行初步的可行性分析，评估项目的基本可行性。可行性分析包括市场调研、SWOT 分析、资源评估和风险评估。市场调研可以帮助了解目标受众和竞争情况；SWOT 分析用于评估项目的优势、劣势、机会和威胁；资源评估确定项目所需的资金、人力和物资；风险评估识别潜在风险并制定应对措施。

（2）团队组建

组建项目团队，明确各成员的职责和分工。如有需要，可邀请外部专家提供技术支持和咨询，提升团队的专业能力。

（3）目标设定

运用 SMART 原则设定项目的总体目标。SMART 原则是一种科学有效的目标设定管理工具，旨在确保目标的明确性、可衡量性、可实现性、相关性和时限性（详见后面"任务拓展"）。

（4）方案设计

首先，确定技术方案，确定项目的技术路线，选择适宜的技术方案，并进行技术可行性分析。其次，确定实施方案，制定详细的实施计划和时间表，明确每个阶段的关键任务和里程碑。最后，确定资源配置，分析项目所需的资源，包括人力、物力和财力，制定资源配置方案，确保项目实施中资源的充足供应和高效利用。

（5）风险分析

风险分析包括风险识别、风险评估和风险应对。风险识别是指全面识别项目可能面临的各类风险。风险评估是指评估各风险的发生概率和潜在影响。风险应对是指制定详细的风险应对策略，包括风险预防措施和应急预案。

（6）财务分析

财务分析包括成本估算、收益分析和投资回报分析。成本估算是指详细估算项目的各项成本，确保预算的准确性和完整性。收益分析是指分析项目的预期收益，评估项目的经济效益和社会效益。投资回报分析是指计算投资回报率、净现值和回收期等财务指标，评估项目的经济可行性。

（7）撰写与审核

撰写与审核包括撰写策划书和内部审核。撰写策划书是指根据前期准备工作，按照项目策划书的结构要求，编写各部分的内容，确保内容全面、准确、清晰。内部审核是指组织内部审核，对策划书进行审查和修改，确保其逻辑性、科学性和可行性。

（8）提交与审批

在通过内部审核，将编制完成的项目策划书提交给相关决策部门或审批机构。密切跟进审批流程，及时解答审批过程中提出的问题，确保项目获得必要的批准和支持。

编制项目策划书是项目管理中的重要环节，它为项目的成功实施奠定了基础。通过详细的市场调研、科学的目标设定、合理的方案设计和全面的风险分析，可以确保项目策划书的质量和可行性，从而为项目的顺利推进提供有力保障。

5.3　绿色展览项目成功的关键因素

组织绿色展览项目需要考虑许多因素，以确保项目的成功和可持续发展。

（1）得到管理层的支持

管理层的支持是项目成功的关键，因为高层的认可和参与能确保项目获得必要的资源，并明确战略方向。因此，在项目的立项和规划阶段，应积极邀请高层管理人员参与决策过程，使项目目标与公司战略一致；确保项目在预算、人力和物资上获得充足的支持，高层管理人员的支持有助于实现资源的有效配置和使用；由高层推动制定和实施绿色政策，确保项目的各项绿色目标能够达成。

（2）有一支具备高效执行力的专业团队

一个专业的项目团队是有效管理和执行项目各环节的关键，能够确保项目的高效运作并取得成功。团队成员应包括项目经理、环保专家、市场分析师、技术人员和宣传人员等，各司其职，分工协作，为项目的各个方面提供专业支持；为团队成员提供持续的培训和发展机会，特别是在最新的绿色技术和管理方法领域，以提高团队的专业素质和创新能力；明确团队成员的职责和任务，确保每个环节都有专人负责，从而提高工作效率和成员的责任感。

（3）推动项目持续创新

创新是推动绿色会展项目不断进步的重要动力。通过引入最新的绿色技术和先进的管理方法，项目可以保持竞争力和先进性。所以，可采用最新的环保技术，如绿色建筑材料、节能设备和智能管理系统，提升项目的环保性能和能源利用效率；引入先进的项目管理方法，如精益管理和敏捷开发，提高项目的管理效率和响应速度；不断创新展览内容和形式，如引入互动体验和虚拟展示技术，提升观众的参与感和满意度。

（4）吸引更多利益相关者参与

积极与政府、行业协会、参展商和观众等利益相关者进行沟通和合作，争取他们的支持和参与，能够显著提高项目的影响力和实际效果。所以，应定期与政府部门、行业协会、参展商和观众等进行沟通和互动，了解他们的需求和期望，并及时反馈项目进展；与相关机构和企业建立长期的合作伙伴关系，共同推进绿色会展项目的发展；通过多种渠道，如社交媒体、新闻发布会和公众活动等，吸引公众参与和关注，提高项目的知名度和影响力。

（5）有效开展宣传和推广

通过多种渠道宣传项目的绿色理念和成果，提升公众的环保意识和参与度，树立项目的良好形象，为绿色展会项目的顺利立项创造有利条件。可利用媒体报道、社交媒体、网站和宣传手册等多种渠道，广泛宣传项目的绿色理念和实施成果；通过一系列的宣传和推广活动，树立项目的绿色品牌形象，提升项目的社会影响力和美誉度；开展环保教育和培训活动，提高公众和参展商的环保意识和参与度，促进绿色理念的传播和应用。

绿色会展项目的成功实施离不开系统的组织和管理工作，特别是在项目启动、市场调研、可行性研究、详细规划、执行监控和效果评估等环节，需要科学的方法和高效的团队协作。管理层支持、专业团队、持续创新、利益相关者参与和有效宣传等关键成功因素，对于项目的顺利实施和成功至关重要。

【知识小结】

绿色展览项目立项是指在展会组织过程中，通过科学的分析和评估，对项目的可行性、必要性及预期效果进行系统研究，并最终决定是否启动该项目的过程。立项是展览项目管理的起点，包含项目规划、资源配置、预算编制、风险评估等一系列活动。

SMART 原则在项目管理中用于设定目标，使其更加明确和可实现。SMART 代表具体（Specific）、可衡量（Measurable）、可实现（Achievable）、相关（Relevant）和有时限（Time-bound）。这一原则可帮助项目团队制定清晰、可执行的目标，确保目标能够进行量化评估，具备现实的可行性，与项目总体目标相关联，并在特定的时间框架内完成。

项目策划书是一份详细的书面文件，旨在系统地阐述项目的目标、背景、可行性、实施计划、预算以及风险管理策略。它为项目提供了一个清晰的蓝图，确保所有相关方理解项目的发展方向和预期成果，并为资源分配和决策提供依据。项目策划书不仅有助于项目团队有效地规划和执行项目，还能吸引投资者或赞助者的支持，提升项目成功的可能性。

【案例】

2020 年迪拜世博会绿色展区介绍

一、绿色展区概述

2020 年迪拜世界博览会（Expo 2020 Dubai，以下简称迪拜世博会）的绿色展区是此次世博会的一大亮点，旨在展示全球在可持续发展和环保技术方面的最新成果。该展区聚焦可再生能源、水资源管理、生态建筑以及可持续城市化等领域，通过一系列互动展览和创新展示，向全球观众传达绿色生活理念。

二、绿色展区的主要内容

1. 可再生能源

展示了太阳能、风能和其他可再生能源的最新技术和应用实例。特别是阿联酋在太阳能领域的突破性成就，如全球最大的太阳能发电厂。

2. 水资源管理

介绍了先进的水处理技术和节水措施，包括海水淡化和废水再利用等技术，展示了在水资源匮乏地区实现水资源可持续利用的解决方案。

3. 生态建筑

通过展示绿色建筑材料和智能建筑技术，体现建筑在节能减排方面的潜力。包括使用再生材料建造的展馆和具有智能能源管理系统的建筑。

4. 可持续城市化

展示了智能城市和生态社区的规划理念和实施案例，如智能交通系统、绿色基础设施和社区参与的生态保护措施。

三、迪拜世博会的立项工作分析

1. 项目背景

经济和社会背景：迪拜作为中东地区的经济中心，致力于通过世博会展示其在创新和可持续发展方面的领导地位，同时推动经济多元化和旅游业发展。

环境背景：阿联酋面临严峻的环境挑战，如高温、缺水和能源消耗大，因此绿色展区的设立不仅展示环保技术，也呼应本国的环境需求。

2. 目标设定

总体目标：展示全球领先的可持续发展和环保技术，提升公众环保意识，推动国际合作。

阶段性目标：包括在展会期间吸引数百万观众，促成多个国际合作项目，提升迪拜在绿色技术领域的国际影响力。

3. 市场调研

需求分析：通过调查全球对可持续发展和环保技术的关注度，识别潜在参展国家和企业的需求。

竞争分析：评估其他国际展会在绿色技术展示方面的竞争力，确定迪拜世博会的独特定位。

4. 项目方案

技术方案：选择展示内容涵盖太阳能、风能等可再生能源技术，生态建筑材料和智能城市规划等。

实施方案：制订详细的展区设计和建设计划，包括生态友好的建筑设计、节能措施和智能管理系统。

资源配置：确保人力、财力和物力资源的有效配置，协调参展各方的需求。

5. 风险分析

技术风险：新技术展示可能面临技术故障或未能如期实现的风险。

市场风险：全球疫情可能影响观众数量和国际参展企业的参与度。

管理风险：大型项目的多方协调和管理复杂性带来的风险。

6. 财务分析

成本估算：包括展区建设、运营和维护的各项成本，以及展区内各项活动和宣传费用。

收益分析：通过门票收入、商业赞助和国际合作项目带来的直接收益和间接收益。

投资回报分析：通过详细的财务模型计算投资回报率和项目的经济可行性。

7. 项目管理

质量管理：制订详细的质量控制计划，确保展区建设和运营的高标准。

进度管理：制定详尽的项目时间表，确保各阶段任务按期完成。

成本管理：严格控制项目预算，避免超支。

沟通管理：建立有效的沟通机制，确保项目团队和利益相关方的高效沟通。

采购管理：制订合理的采购计划，确保项目所需资源的及时供应。

资料来源：https://www.expo2020dubai.com/zh（作者整理）。

案例分析：2020 年迪拜世博会的绿色展区项目通过科学严谨的立项工作，成功展示了全球领先的可持续发展技术。项目背景分析了迪拜的环境需求和经济需求，明确了展示环保技术和提升公众环保意识的总体目标。市场调研识别了全球对绿色技术的关注点，技术和实施方案详细规划了展区设计和资源配置。风险分析考虑了技术、市场和管理等方面的挑战，财务分析评估了项目的成本收益和预期收益。最终，通过严格的项目管理，确保了展区的高标准建设和运营，成为世博会的亮点之一。

【任务测试】

1. 绿色展览项目立项的主要步骤是什么？

2. 项目策划书的核心内容有哪些？如何编制项目策划书？

3. 在编制绿色展览项目策划书时，如何进行可行性分析？

4. SMART 原则是什么？如何在项目目标设定中应用？

5. 绿色会展项目立项的关键成功因素是什么？

【任务拓展】

项目管理中的 SMART 原则

SMART 原则是一种用于设定目标的管理工具，旨在确保目标的明确性、可衡量性、可实现性、相关性和时限性。

1. Specific（具体）目标应明确、具体，并且清晰描述要达到的成果。模糊的目标很难执行和评估。

2. Measurable（可衡量）目标应该是可衡量的，这样便于追踪项目进度和评估成功与否。具体的衡量标准可以是数量、百分比等量化指标。

3. Achievable（可实现）目标应在能力范围内，可通过现有资源和能力实现。设定的目标应既具挑战性又可达成。

4. Relevant（相关）目标应该与组织的使命、愿景和战略方向一致，确保每一个目标的实现都能推动组织的发展。

5. Time-bound（有时限）目标应有明确的完成期限，设定的时间框架能帮助项目团队保持紧迫感和工作动力。

如何设定 SMART 目标

第一步：设定具体目标

1. 明确目标的具体内容

例如，如果目标是提高客户满意度，应具体描述如何实现，如"通过改进客户服务培训和缩短响应时间来提高客户满意度"。

2. 确定目标的范围

确定涉及的部门、人员和所需资源。

例如，目标涉及客户服务部门，并提供具体的培训计划和评估标准。

第二步：设定可衡量的标准

1. 设定衡量指标

例如，使用客户满意度调查的分数作为衡量标准。

2. 定义衡量方法

例如，每季度进行客户满意度调查，并分析调查结果。

第三步：确保目标可实现

1. 评估资源和能力

例如，评估现有的培训资源和时间安排，确保培训计划切实可行。

2. 设定现实的目标

目标既具挑战性又可达成，过高或过低的目标都不利于项目的推进和团队的发展。

第四步：确保目标相关

1. 目标与组织战略的一致性

例如，提高客户满意度这一目标与公司的长期发展战略一致，可促进客户忠诚度的提升和市场竞争力的增强。

2. 目标的实际意义

务必确保目标能对组织的发展产生积极影响。

第五步：设定时间限制

1. 设定明确的完成期限

例如，在 6 个月内完成客户服务培训，并在每季度进行一次客户满意度调查。

2. 设定关键时间节点

例如，每月检查培训进度，每季度分析调查结果。

示例：

目标：在 6 个月内将客户满意度从 80%提高到 90%。

1. Specific

通过改进客户服务培训和缩短响应时间来提高客户满意度。

2. Measurable

以客户满意度调查的分数作为衡量标准，直接反映目标的达成程度。

3. Achievable

评估现有的培训资源和时间安排，确保培训计划可行。

4. Relevant

提高客户满意度与公司的长期发展战略一致，有助于增强客户忠诚度和市场竞争力。

5. Time-bound

明确在 6 个月内完成客户服务培训，并在每季度进行一次客户满意度调查。

通过遵循这些步骤和 SMART 原则，可以确保设定的目标更加明确、符合实际且具有执行性，有助于提高团队的执行力和项目的成功率。

资料来源：https://www.aimieditor.com.cn/sci_writing_article/474。

任务：设定你个人或团队在未来一个月内的学习目标，确保这些目标符合 SMART 原则。提交一份包含具体目标及其 SMART 分析的报告。

【实训】

编制一份虚拟的绿色展览项目计划书，掌握项目计划书的编制方法，提升实际操作能力。

1. 具体做法

研究与学习：查阅并学习相关文献、资料，了解绿色项目立项的基本概念、核心要素和典型案例。将教材中的内容以及其他展览项目的实际案例作为参考依据，熟悉项目策划书的内容。

团队分工：每组内部分工明确，确保每个成员负责一部分内容，如主题选择、市场调研、可行性分析、详细计划、预算编制和风险管理等。

2. 输出成果

项目计划书：每组编制一份详细的项目计划书，内容包括项目背景、目标、可行性分析、计划、预算、组织结构和风险管理等。

展示与评价：各组展示计划书，互相评价并提出改进建议。

3. 任务评价标准

内容完整性：展览主题清晰，背景阐述合理。使用 SMART 原则设定目标，制订详细的时间表和工作分解结构。详细列出费用，预算合理。

合理性：目标设定合理，可实现。时间表和任务分解可行。预算合理，控制成本。

创新性与团队合作：方案创新独特，能够吸引观众。团队分工明确，成员之间沟通顺畅。展示过程流畅，答辩环节回答准确全面。

参考文献

[1] Drucker P F. The practice of management[M]. Harper & Row，1954.

[2] Doran G T. There's a SMART way to write management's goals and objectives[J]. Management Review，1981，70（11）：35-36.

[3] Kotler P，Keller K L. Marketing management（16th ed.）[M]. Pearson Education，2016.

[4] Locke E A，Latham G P. A theory of goal setting & task performance[M]. Englewood Cliffs，NJ：Prentice Hall，1990.

[5] 胡左浩. 项目管理理论与实务[M]. 北京：清华大学出版社，2018.

[6] 陈建明. 项目管理：计划、进度与控制[M]. 北京：机械工业出版社，2019.

项目 6 绿色会议策划

【学习目标】

1. 了解绿色会议的内涵
2. 了解绿色会议策划成功的关键要素
3. 掌握绿色会议的策划流程
4. 掌握绿色会议的评价指标
5. 能够独立撰写绿色会议策划清单

【学习引导】

让两会更节俭更高效

全国政协十二届一次会议精简了纸质文件材料的印制和发放，提案简报、大会发言等文件一概通过网络系统提供查询。据统计，仅此"无纸化"办公措施即可节省 200 万元。全国人大会议也实行了多项改进会风的举措，包括简化会场布置；提倡代表紧紧围绕大会议题发言；严格执行会议伙食标准；统一乘坐大巴出席会议，尽可能不封路；适当压缩大会简报；充分利用全国人大机关办公场所和设施，减少租用宾馆等。

自去年 12 月以来，中共中央出台了改进工作作风、密切联系群众的八项规定，推动了反对铺张浪费、倡导厉行节约的六项禁令。从中央的率先垂范到地方的积极跟进，全国范围内掀起了一场声势浩大的"改文风、正会风、转作风"运动。今次全国两会所展现出来的新风新气象，让公众感受到一种卓有成效的转变。就拿"无纸化"办公来说，大量的纸质内容被电子信息所取代，既杜绝了纸张浪费，又节约了人力成本。同时，这更是一次国家层面上的示范之举，有利于"新风"再次自上而下普及推广，有助于推动建设更加节约高效的服务型政府。

在我国现有政治框架下，两会是参政议政的重要制度平台，代表委员虽然数量有限，但承载着全体国民的利益诉求和现实期盼，这就要求每一位代表委员要充分利用好两会平台，绝不能浪费如此珍贵稀缺的参政议政资格和机会。这是我们更应该关注的一种"节俭"——参政议政资源的节俭。但实际上,有少数代表委员并不珍惜宝贵的参政议政资源,有多次请假不参会的,有从不发言和提交提案的,有满嘴假话、空话、套话的……与纸张、鲜花、餐饮等物质意义上的会议成本节俭相比,参政议政资源的"节俭"更为重要,因为参政议政才是两会的根本。所以说,节俭高效办两会,不仅要求在形式上节俭,避免将会议办成"盛宴";而且要求在内容上高效,竭尽全力讲真话、建诤言、献良策。

让两会更节俭、更高效,节俭作为务实之举,其指向也是为了高效,为了达到参政议政资源的效用最大化。开会必然有成本,关键是要让公众觉得花得值。而究竟值不值,取决于代表委员是否不负所托忠实履职,是否把民众的呼声原汁原味反映出来,是否向大会提交了高质量的议案提案,是否一场会议后留下很多有价值的成果。从根本上说,节俭和高效是相统一的,绝不能只求形式节俭不求实质高效。正如新华社日前的评论文章所言,"开会总是要有成本的,正如民主也有成本一样。不要低估公众为发扬民主承担成本的基本素养。提倡节俭与简朴之风,重要的不是表面上'省几个钱',形式上做出'很节俭'的姿态,关键是要提升会议的实效。"

全国两会已经拉开帷幕,节俭高效的"新风"正吹遍会场内外。虽然少了鲜花,但整洁的会场一样让人赏心悦目;虽然少了警车开道,如常的秩序却为群众带来了方便;虽然少了圆桌酒席,自助餐却可以照顾不同口味并防止浪费;虽然少了纸质文本,但电子设备查看会议资料既环保又高效;虽然少了自夸式汇报,但可以节约宝贵的时间多谈老百姓关注的民生问题。两会的"新风"未来要推而广之,不管是为政为官,还是为人为事,都要力求"更节俭更高效"。

资料来源:http://finance.people.com.cn/n/2013/0305/c70846-20680829.html。

思考:会议作为重要的沟通和传播手段,是各机构和组织必不可少的活动之一。会议的种类、方式和规模也是多种多样,在组织过程中需要投入大量的人力和自然资源,涉及交通、饮食,还会消耗大量的纸张、水、电等资源。因此,如何实现会议的绿色化和高效化,减少会议带来的环境影响,是全球都需要深入探讨和重视的问题。

【任务认领】

为深化高等教育综合改革,激发大学生创造力,培养造就"大众创业、万众创新"的主力军,推动生态环境领域科技成果转化,助力生态环境行业转型升级,服务高校毕业生更高质量创业就业,北控水务集团和全国生态环保行业产教融合共同体联合各知名院校、行业协会和投资机构共同举办北控水务杯大学生生态环境创新大赛,目前已成功举办六届,该赛事现已成为生态环境行业参赛项目数量最多、项目质量最好、专业度最强、行业影响力最大的专业赛事。

2024 年北控水务杯第七届大学生生态环境创新大赛北部区区域赛（选拔赛）由河北环境工程学院承办。大赛以"共建绿色生态·数字创想未来"为主题。

要求：依据所学的绿色会议策划知识，制定绿色办会工作方案，从绿色会场、绿色交通、绿色住宿、绿色餐饮、绿色宣传等 5 个方面优化提出可行的减碳措施。

6.1　绿色会议概述

6.1.1　会议的概念

会议（Conference）是指由一定数量的人员在特定时间和地点，为商讨、研究、解决特定问题或完成特定任务而进行的集体活动。会议通常具有明确的主题和议程，参会者通过讨论、交流和协作，分享信息、提出建议、制定决策或达成共识。会议形式多样，包括学术会议、商务会议、行业会议、政府会议等。

会议的主要特征如下：

1）明确的主题和目标：每次会议都有特定的主题和目标，会议议程围绕这一主题展开，确保讨论的集中性和有效性。

2）特定的时间和地点：会议在预定时间和地点进行，参会者按照议程安排进行讨论和交流。

3）参与者的多样性：会议参与者可来自不同的组织、行业或领域，带来多样化的观点和经验，有助于全面讨论和深入分析问题。

4）信息的共享和交流：会议是信息共享和交流的重要平台，参会者通过发言、讨论、展示等方式，分享最新研究成果、工作经验和见解。

5）决策和问题解决：会议通常涉及决策过程，参会者共同探讨和解决问题，制订行动计划或达成共识。

6.1.2　绿色会议的概念

会议与活动在现代化的民主社会中是常见的社会集体行为和公众参与形态。但是，一个会议或活动的举办，往往需要消耗大量资源与能源，像使用各种报告材料，以及交通、食宿、空调等资源，由此造成的环境冲击包括空气污染、温室气体排放、垃圾以及纸张、塑料、食物等资源的消耗。因此，为减少会议与活动带来的环境影响，近年来世界各国都大力倡导并推行绿色会议。

"绿色会议"的核心理念就是将资源善用与环境保护的优先考虑尽早纳入会议举办的

规划以及准备中，即在会议的各个环节都能优先考虑对环境与生态的冲击。"绿色会议即是将减少负面环境影响的概念纳入会议活动的设计、规划及实施中，为我们留下美好的环境家园"。（UNEP，2009）美国国家环境保护局将绿色会议定义为："为实现信息交流目的，引发的集会或人们的集合行动，可透过详尽的事前计划，将对环境的负面影响降至最低，称为绿色会议（Green Meetings）。美国是最早将绿色会议概念付诸实践的国家，1992 年 4 月，美国举行各州的废弃物预防（waste prevention）会议，约 50 名各州与当地的废弃物管理人员参加。会议计划人员将节省材料资源与减少废弃物的理念应用在会议规划中，为绿色会议提供了良好示范。联合国环境规划署于 2009 年发布了 *Green Meeting Guide* 2009（绿色会议指南），为绿色会议的规划提供了详细的说明指南。本书将绿色会议定义为：绿色会议（Green Meeting）是指在会议的筹备、组织和实施过程中，采用环保和可持续发展的理念和措施，尽量减少对环境的负面影响。绿色会议强调节约资源、减少废弃物、降低碳排放，并通过各种手段实现环境保护与经济效益的平衡。

绿色会议的特征：

1）会议无纸化：节省办会成本，减少纸张浪费，减少碳排放，提升参会人员的环保意识。

2）注册高效化：通过微信注册参加会议，减少人力投入成本，实现高效轻松办会。

3）碳排放量化及碳中和：将参会人员的碳排放计算出来，通过碳汇或减排项目抵消会议产生的碳排放，实现真正的绿色低碳会议。

6.1.3　绿色会议的益处

（1）推广环保理念，提升环境保护意识

通过节约资源、减少废弃物和碳排放，减少对环境的负面影响，推广环保理念，促进社会的可持续发展。联合国气候变化大会采用可再生能源和高效节能设备，减少会议场所的能源消耗；大力推广垃圾分类和废弃物回收，减少废弃物对环境的影响，显著减少碳排放和资源消耗，保护自然环境。COP26 会议通过植树和碳信用等措施，抵消了会议的碳足迹，树立了全球气候行动的正面形象。

（2）实现大量成本节约

通过减少纸质材料、采取节能措施和优化资源利用，实现成本节约。采用电子化办公和在线会议工具，可减少差旅费用。美国心理学会年会将会议资料全面电子化，减少纸质印刷材料。该年会每年吸引约 12000 名参会者，假设每人一套纸质会议资料（100 页），每页印刷成本约 0.1 美元，转为电子资料后，每年节省印刷成本为 12000 人×100 页×0.1 美元=120000 美元。

（3）加强企业社会责任感

展现组织的社会责任感，提升品牌形象和社会认同度。吸引更多关注环保的客户和合作伙伴。达沃斯世界经济论坛使用环保材料和可再生资源，展示绿色建筑和可持续技术；推广绿色交通，鼓励参会者使用公共交通和电动汽车。这一系列举措展现了组织的社会责任感，提升了品牌形象和社会认同度，通过实际行动倡导可持续发展理念，带动更多企业和组织关注环保和社会责任。

（4）提升参与者满意度

提供健康、环保的会议环境，提高参与者的满意度和参与感。通过环保教育和宣传，增强参会者的环保意识和行动力。苹果全球开发者大会（WWDC）提供健康的有机食品和可重复使用的餐具，改善用餐体验；设置舒适的绿色环境和充足的垃圾分类设施，提升参会者的环保体验。这为参会者提供了更健康和环保的会议环境，提升了参会者的满意度和体验感，通过环保宣传教育，增强了参会者的环保意识和行动力。

6.1.4 绿色会议成功的关键要素

想要成功举办环保节能的绿色会议，须遵循以下要点。

（1）影响决策

为提高绿色会议的成功率，必须确保可持续发展理念贯穿整个活动的决策过程。高层管理人员对绿色会议的支持也是非常重要的。例如，公司高层管理人员积极支持、批准举办绿色会议的提案，并将可持续发展纳入公司的核心价值观。

（2）增强意识

规划人员、服务提供商、参与者都需具有绿色环保意识。人们要了解为何绿色环保是很重要的并为此采取负责任的态度。例如，在会议筹备阶段，规划人员向参与者传达绿色会议的重要性，鼓励他们采取环保措施，如减少用水用电等。

（3）使用可持续发展的产品、服务和技术

选用可持续发展的科技产品与服务。绿色会议的举办可增加可持续发展产品（绿色产品）的市场需求。例如，会议使用由可再生材料制成的会议资料和环保型餐具，采用节能设备和清洁能源供电。

（4）沟通

所有涉及会议的事项都要进行完善沟通，确保会议举行前、举行时和会议结束后，所有相关信息都能完整提供。例如，在会议前、期间和结束后，组织方通过电子邮件、社交媒体和会议网站等渠道向参与者提供关于绿色会议的信息和指南。

（5）测量

测量并量化环境足迹，这些数据可为今后的绿色会议提供参考信息及案例研究。例如，记录会议期间的能源消耗、废物产生和碳排放情况，并分析其对环境的影响。

（6）采购

负责采购的部门及人员必须考虑如何最大限度地减少所购买的产品和服务（如餐饮服务、纸张、电力使用等）所造成的环境影响。例如，在选择餐饮服务时，优先选择本地和有机食材，减少包装使用；在购买纸张和办公用品时，选择可回收再利用的产品，减少资源浪费。

6.2　绿色会议策划步骤

第 1 步：需求评估和替代方案考虑。是否真的需要举行会议？参会人员是否必须亲临现场？是否考虑其他替代方案，如电话会议、视频会议和网络会议？这些问题是策划绿色会议之初必须首先考虑的。例如，对于规模较小的会议，可以考虑采用视频会议替代面对面的会议，这样可以减少举行会议所产生的废弃物和消耗品，同时减少了因出行而产生的温室气体和其他空气污染物。如果面对面会议是必需的，就必须努力确保会议活动对环境的影响最小化。

第 2 步：地点选择与协商。选择地点和举办地应基于绿色环保的原则。在与举办地点/地区协商时，应明确传达对绿色会议的承诺。例如，优先选择设施配备节能设备、使用可再生能源的场所，或者是靠近公共交通设施的地点，以减少与会者的碳排放。

第 3 步：制订详细的行动计划。应指派专人负责绿色会议的规划事项，也可组建一个团队协助实施。一份详细的行动计划可以确保参与者更好地理解自己的角色和职责。行动计划应包含进度标准、时间表以及适当的监控措施。在早期阶段就公开传达绿色环保的概念，能够充分激发参与者的积极性。

第 4 步：组织与实施。绿色措施应全面应用于会议组织与实施的各个环节，包括与会者和发言人的沟通、交通运输的安排、餐饮服务和住宿等。例如，安排采用可再生能源的交通工具接送与会人员，餐饮服务提供本地的有机食品，选择环保型住宿场所等。

第 5 步：报告、监测和评估。通过监测和评估会议的有效性和影响，可以提高会议期间绿色活动的实施效果。在会议结束后，及时与员工、参与者、公众以及今后可能合作的会议组织展开讨论，总结本次绿色会议的成功和不足之处，并评估会议成效，为今后举办绿色会议提供宝贵意见。

6.3　绿色会议策划的内容及指标

6.3.1　绿色会议标识

6.3.1.1　绿色会议标识的概念

　　绿色会议标识通常是指在会议中使用的一种标志，用于表明该会议遵循了环保、可持续发展的原则，并采取了相应的环保措施。这些标识可在会议宣传资料、会场布置、数字平台等多个方面展示，以提醒与会者和观众关注会议的环保特性。基于一系列定量的绿色措施，一些积极传播绿色理念且采取绿色措施的会议，可被授权使用绿色会议标识。其目的是标识可持续的会议发展模式，宣传推广绿色会议理念，同时作为市场推销和沟通的有力工具。

6.3.1.2　一些常见的绿色会议标识

　　1）绿色会议徽标：设计专门的绿色会议徽标或标识，包含绿色、生态或可持续发展的元素，以突出会议的环保主题。

碳博会 LOGO 标识发布
生动体现"人与自然和谐共生，携手呵护
人类地球家园"的理念

图 6-1　碳博会 LOGO

　　2）环保标语：在会议宣传资料、会场布置等场景使用环保标语或口号，强调会议的环保理念和行动。"我们一起行动，为地球尽一份力！""绿色未来，从这里开始！"这些简单而有力的标语，可以印在会议背景板上，或者作为会议口号在宣传资料中使用。

　　3）数字平台标识：在会议的官方网站、移动应用程序等数字平台上添加绿色会议标识，向参与者展示会议的环保信息和措施。

　　4）环保徽章：为参与者提供绿色会议的环保徽章或勋章，作为对其参与绿色行动的奖励和认可。如设计一枚绿色徽章，印上"环保行动使者"或"绿色会议参与者"等字样，在会议期间颁布给采取环保行动的参与者。

5）环保指南：在会议资料中附上环保指南，向与会者介绍如何在会议期间采取环保行动，如节约用水、减少废物等，引导大家共同践行环保理念。

6）数字徽章：通过会议的数字平台颁发环保数字徽章，对会议期间采取环保行动的参与者给予认可和奖励。例如，参与者可通过参加环保讲座、回收纸张等方式赢得环保数字徽章，增加参与感，提高积极性。

6.3.2　会议地点的选择

会议场地应具备完善的环境政策和行动计划，包含可持续性采购、节能、餐饮服务、交通运输和废弃物处理等，同时，会议场地应为其工作人员提供增强环保意识的培训课程。具体指标如下：

1）可持续性特征：选择一个酒店或会议中心，该场所装备有太阳能电池板，使用地热或其他可再生能源供暖和供电，并实施废物回收和资源再利用计划。会议场地建筑物内的温度应是可以调节的。

2）交通便利性：会议举行地尽可能选择在政府或国际机构办公地（如区域性委员会常设组织）等固定场所，而非临时性位置或商业场所，从而减少工作人员的交通成本和碳排放。选择位于市中心或靠近公共交通站点的场地，如火车站或地铁站附近的会议中心，以便与会者可以方便地使用公共交通工具前往。理想的地点是，从会议场所到主要公共交通连接点和市中心可步行到达。提供给参与者及演讲者的住宿场地应在会议场所附近。有些会议场地自身也可提供住宿。

3）自然环境：选择位于乡村或郊区的度假村或农庄作为会议场地，这里清新的空气、宁静的环境和美丽的自然风景，能为与会者带来愉悦的体验，同时也契合绿色会议与自然和谐的理念。

4）场地规模：对于预期参与人数较少的小型会议，选择规模适中的会议室或会议中心，避免使用过大的场地，以减少不必要的能源消耗和资源浪费。

5）绿色认证：选择已经获得 LEED 认证或其他绿色认证的会议中心或酒店，确保其符合环保标准，并能提供环保服务和设施。在可能的情况下，应优先选择有绿色建筑评级系统认可或其他环境管理体系认证的场地。

6）地方合作伙伴：与当地政府或环保组织合作，选择由政府或社区支持的公共场所，如市政厅、公园或社区中心，以展示与当地社区合作的环保倡议，提升会议的社会影响力。

7）场地管理政策：选择场地管理政策严格、高度重视环保的场地，如一家有明确节能减排政策和废物管理计划的酒店或会议中心，为会议的绿色开展提供有力保障。

6.3.3 会议住宿的选择

在同一个城市中，不同住宿地点（酒店）的环保表现有很大差异。因此，会议组织方应精心筛选并推荐最适合的住宿地点供会议参与者选择。

应尽可能地选择具有生态标签或其他环境管理体系认证的酒店。此类酒店应具备以下特点：

拥有环境政策和行动计划，包含绿色采购、节能、餐饮服务、交通运输和废弃物处理等方面，并能与客人良好沟通。

为工作人员提供环境保护相关培训课程。

在客房中提供环保相关信息，并鼓励客人参与环保行动。

对产生的所有废弃物（如纸张、塑料、金属、有机垃圾等）进行单独分类收集。酒店应为客人和工作人员提供足够的垃圾桶，并放置在显著位置。

6.3.4 会议餐饮的选择

大多数会议活动都需要提供餐饮服务，从非正式的小吃到正式的宴席。餐饮服务范围包括为工作人员及参与会议者提供的茶点及餐饮，涉及食品采购、废弃物处理和食品相关的交通运输。下列建议旨在为会议组织者在选择餐饮时提供参考标准（表 6-1 和表 6-2）。

表 6-1 餐饮选择标准建议

建议	是/否（"是"请打勾）	注释
避免使用一次性物品。使用可重复使用的餐具，玻璃器皿和床单（避免使用纸杯，塑料杯或聚苯乙烯杯；不提供餐巾纸或桌垫；不提供塑料餐具，及一次性桌布）；避免使用铝箔		
如果必须使用一次性用品，则需确保它们使用高回收率或以植物为基础的材料制成，并提供适当的回收系统		
避免使用瓶装的果汁和水		
用于餐饮的纸制品应为含有高量的再生纸（理想为 100%），并且完全或基本无氯（TCF 或 ECF）		

表 6-2　废弃物的收集和处置

建议	是/否（"是"请打勾）	注释
所有的餐饮过程中产生的废弃物应单独收集到相应的收集处（如纸张、塑料、金属、有机物）		
在明显处提供足够的废弃物收集桶（箱），并有明确的指示，特别是在厨房和用餐区		
告知膳食供应商参加者的确切人数，以避免浪费。收集的废油，并把它提供给回收商		
承办餐饮公司应负责会议期间所有餐饮相关的废弃物收集和处置		

6.3.5　会议设置的选择

会议的规划和实施方式将会对整体环境产生重大影响，因此所有会议相关的活动都可利用事先良好的规划来减少其对环境的影响。

会议设置和运行标准如下：

调整会议的开始时间和结束时间，使会议尽量符合环保准则。

在会议开始时，提醒工作人员和参与者助力绿色会议的运行，他们应遵循以下相关规则：打印和复印采用两面模式，并尽量少用彩色复印；收集废弃的纸张，印刷用纸和信纸重复使用；在设备不使用时，关闭灯和设备电源；会议登记服务所产生的所有废弃物，应根据相应的分类（如纸张、塑料、金属、有机物）单独收集，并投放至提供的专用垃圾箱，包括分别搜集复印机和打印机的墨盒和电池；确保所有使用的电子设备具有节能环保的特点；为参与者及工作人员提供足够数量的垃圾桶，并且明确地标志/指示其位置；提供一个专用区域，供参加者归还可重复使用的材料（如笔），尽量少使用装饰性元素，如花卉、横幅等；减少参与者登记时的纸张浪费，例如，简短的登记表格或计算机系统登记；提醒发言者和与会者在不使用设备时（如投影机和笔记本电脑）关闭设备电源。会议材料选择标准建议见表 6-3。

表 6-3　会议材料选择标准建议

建议	是/否（"是"请打勾）	注释
任何与会议相关的纸张（宣传材料，程序，标志）尽可能为 100% 的再生纸（再生纸含量最低 65%），并且完全或基本无氯		
会议需要的材料应尽可能地在会场/会议地点打印，而不是从总部运送到会议现场		

建议	是/否（"是"请打勾）	注释
发送给参与者的袋/包、条幅、礼品及其他物品，尽可能选用本地生产的产品。产品应使用有机或可回收的材料制作，并且可重复使用。产品应避免含有潜在有害化学物质，如PVC		
笔应仅根据需求提供，并且选用再生材料制作和可再填充的笔		
提供给参与者的宣传包/册中，只包含绝对必需的材料。相关文件应通过电子邮件发送。在会场准备有限数量的备用文件副本，或打印/复印设施		
鼓励参加者保存他们的会议材料，直到会议结束		

6.3.6 会议举办地当地交通的选择

会议组织者应提供适当的信息，供参加者选择酒店及出行方式。会议地点和住宿酒店的选择是很重要的，因为这对当地交通的影响较大。

向参加者提供明确的交通指示，例如，到达/出发点（火车站、机场）、会场、住宿地点及市中心之间的公共交通地图。这些信息应在会议前通过电子邮件发送，或放置于宣传袋/手册中提供给参与者。

安排工作人员或当地志愿者陪同参加者从酒店/车站前往会场（可选择步行或搭乘公共交通工具）。

如果公共交通不可行，会议组织方应提供酒店、会议场地和/或到达/出发点（火车站、机场）之间的班车服务或汽车共享计划。

6.3.7 会议策划的评估与反馈

绿色会议策划的评估与反馈是确保会议达到环保目标和可持续效果的关键环节。以下是评估与反馈的具体内容和相应指标：

（1）环保效果评估

内容：评估会议期间采取的各项环保措施的实际效果，包括能源节约、水资源利用、废物减量和回收等方面。

指标：能源消耗比较（会议前后）、水资源使用情况（包括节水设备效率、用水量比较）、比较废物产生量和回收率等。

（2）参与者满意度调查

内容：收集参与者对绿色会议在环保措施、交通安排、餐饮服务、会议组织等方面的满意度和反馈意见。

指标：满意度评分（针对不同方面）、意见反馈的数量和质量、参与者对绿色会议理念的认可程度等。

（3）环保意识提升评估

内容：评估参与者对环保意识的提升程度，以及他们在会议期间学到的环保知识和行动意愿。

指标：参与者对环保意识的自我评估、环保知识的掌握程度、采取环保行动的意愿等。

（4）社会责任项目评估

内容：评估会议期间开展的社会责任项目和志愿服务活动的效果和影响。

指标：社区项目支持程度、志愿服务时长和数量、社会影响评估（如捐赠金额、受益人数等）等。

（5）改进建议和未来计划

内容：根据评估结果提出改进建议，总结经验教训，规划未来的绿色会议策划和实施计划。

指标：改进建议的数量和质量、总结的经验教训、未来计划的制订和执行情况等。

（6）绿色会议评价标准举例

绿会指数（GMI）：这是由中国绿发会标准中心发布的绿色会议团体标准，2019年6月首次发布，2021年进行了更新。该标准从吃、住、行、废弃物、无纸化、生物多样性、能耗等方面对会议进行绿色评价，旨在推动绿色发展理念，倡导简约适度、绿色低碳的生活方式。

绿色会议标准2.0：这是绿色会议指数的升级版本，2021年9月完成终审发布。新标准更加全面详尽，提供了可细化、量化的评分表，供会议举办方参照执行，并在会后进行评分公示，以鼓励低碳、环保的办会实践。

IUCN世界自然保护大会（WCC）的绿色会议实践：IUCN WCC使用会议App等电子化手段来减少纸质材料的使用，以降低碳足迹。此外，大会还向实地参会注册者提供"碳足迹补偿证书"，这是绿色会议的优秀实践范例之一。

中国绿色会展联盟实施方案：虽然不是专门针对绿色会议的评价标准，但该方案提出了会展业绿色发展的目标和措施，包括推动互联网、物联网等信息技术在会展项目中的应用，以及新材料的使用，以实现会展业的绿色可持续发展。

【知识小结】

绿色会议：绿色会议是一种目标，也是一种战略理念，它要求在举办会议过程中为产生更少的垃圾而努力，不断减少垃圾的焚烧和掩埋，最终达到或接近零排放的目标。

绿色会议的特征：会议无纸化、注册高效化、碳排放量化及碳中和等。

绿色会议的策划内容：绿色会议标识的设计与运用、会议地点的选择、会议住宿的选择、会议餐饮的选择、会议设置的选择以及会议举办地当地交通的选择等。

绿色会议策划的评估与反馈：包括环保效果评估、参与者满意度调查、环保意识提升评估、社会责任项目评估等。

【案例】

首个全国生态日主场活动实现"零碳"办会

2023 年 8 月 15 日，首个全国生态日主场活动在湖州举行。大会聚焦绿色低碳和生态文明建设成果的同时，将低碳、绿色、无废办会作为首要理念也贯穿活动筹办、举办的全过程，主场活动全部使用绿电，实现"零碳"办会。

据悉，"零碳"办会是指以举办的会议为对象，按照碳减排措施的实施、碳排放预算、碳排放干预、碳排放量核算与评估、碳中和评价、碳中和标的物的交易与抵消，确保会议实现碳中和。

连日来，湖州通过各方联动实施"零碳"办会。会前开展调研摸排，围绕活动及会议，在采用可再生能源、减少大型活动耗材使用量、采用节能型高性能设施、考虑大型活动选址以减少交通所产生的温室气体排放量、会议流程紧凑合理等环节，提出切实可行的降碳减排措施 29 条，通过清洁绿色能源赋能大会保障。

例如，会议现场以泡茶代替瓶装矿泉水，采用竹制可循环使用的席签；酒店的指引系统采用电子屏，客房内提供竹制洗漱包、竹纤维毛巾、消毒后可反复使用的拖鞋；在餐厅及合适的位置放置"光盘行动""光瓶行动""自觉带走半瓶水"标识等，营造文明节约、绿色环保的氛围。活动期间，还根据参加人数实时调整合理配餐，减少浪费，努力做到固体废物能减尽减，物资能用尽用。

不仅如此，此次参与大会保障的所有酒店和充电场站还通过电力部门集中绿电交易，实现了会议期间绿电百分之百供应，相当于节约标煤 2.7 t。

"依托电力大数据，供电公司早在会前就根据会务安排的每个环节开展能耗情况、资源消耗情况的碳预算，通过组织绿电交易、打造绿色充电场站，实现首个全国生态日主场活动的绿电全覆盖。"活动筹办相关负责人介绍。

会后，湖州还会详细梳理在温室气体排放管控后会议各类排放源，统计会议活动实际的能源消耗、物料消耗及参会人员交通、住宿、餐饮等行为数据，编制《碳足迹及碳中和方案》，委托长三角生态能源基金对活动及会议的碳排放出具审核结果，完成"碳中和"抵消标的物的交易，以及出具抵消碳排放核算报告、碳中和评价报告等成果文件。

同时，在指定交易平台——"碳达人·惠湖州"平台，以公开交易形式通过购买户用光伏碳普惠减排量、湖州安吉竹林和青海乌兰森林的碳汇减排量。

资料来源：https://kjt.zj.gov.cn/art/2023/8/17/art_1228971343_59009244.html。

案例分析：一方面，绿色会展的发展能够减小会展活动对环境造成的负面影响，降低会展活动的能源消耗，减少废弃物的产生，保护自然资源和生态环境，促进城市的可持续发展；另一方面，绿色会展的发展能够提高会展业的形象和品牌价值，吸引更多的客户和参展商参与到会展活动中，促进会展业的健康发展。

【任务测试】

1. 什么是绿色会议，绿色会议的内涵有哪些？
2. 绿色会议策划成功的关键要素有哪些？
3. 绿色会议的策划流程包括哪些关键步骤？
4. 绿色会议的评价指标有哪些？

【任务拓展】

企业绿色会议实践

很多跨国公司很早就开始采用视频会议，特别是在 2008 年金融海啸之后，为节省经营成本，企业大量借助网络会议；而且随着科技的进步，电子化文件已经非常普遍。

➢ Epson 提升会议效率

除了采用视频会议，提升会议效率也是减碳的有效方式之一。Epson 表示，公司规定开会时间不能超过 2 个小时，而且限定每个人的发言时间，如果超过时间，秘书有权关掉简报画面或麦克风，借此训练员工的组织能力，同时节省办公资源。

➢ Sony：绿色教育就是机会教育

企业推动绿色会议或办公室节能，除推动者本身要有环保知识和热情外，更重要的是如何使员工主动配合。Sony 公司认为，绿色教育就是要机会教育，开会时看到员工携带饮料或瓶装水，就会提醒员工这个饮料杯会消耗多少能源。此外，为节约办公能源，Sony 公司还请管理员重新设定电梯，减少不必要的移动，有时也会让员工多等一会儿，增加爬楼梯员工的数量。长期下来，员工多能养成习惯；而公司也会提供环境周报，增加员工绿色知识，并且各部门配有环境稽核员，协助办公节能及绿色教育的推动。

> ➤ DHL 策划地球日奖：脑力激荡绿创意

DHL 作为物流运输业的龙头产业，持续向供货商进行环境稽核，并且协助客户从事碳中和。DHL 策划地球日奖，鼓励大家投稿绿色创意；每年 4 月 22 日世界地球日当天发起员工爬楼梯行动，也正积极筹备 Go Green 回收中心。DHL 有着明确的碳效率目标、长期搜集环境信息、每个部门都设有绿色大使等。

【实训】

1）收集你所在城市会议场所的信息，包括会议室规模、酒店档次、客房数量等，从中判断这座城市接待会议的能力。根据以往举办会议的情况，指出在资源浪费方面存在的问题，并提出绿色办会方案。

2）随着经济的发展，中国越来越多城市开始努力打造为"会议名城"，希望借助会议业拉动城市经济发展。现今中国正提倡资源节约型和环境友好型的社会发展，因此中国会议活动也需与"低碳、环保、绿色"的潮流相匹配。北京奥运会给世界体育运动与环境保护树立了一个新的里程碑和新标准，2007 年 10 月 25 日，联合国助理秘书长、联合国环境规划署（UNEP）副执行主任沙发尔·卡卡海尔在北京举行的《北京 2008 年奥林匹克运动会环境审查报告》发布仪式上，对北京 2008 年奥运会所采取的环保措施及确保"绿色奥运"所作出的努力赞赏有加。

北京为实现 2008 年绿色奥运会作出了巨大的努力，查阅有关资料总结北京 2008 年奥运会在环境保护方面采取的 10 个方面的措施。

参考文献

[1] 中共中央关于制定国民经济和社会发展第十四个五年规划和二〇三五年远景目标的建议[EB/OL].（2020-11-03）[2024-05-20]. https://www.gov.cn/zhengce/2020-11/03/content_5556991.htm.

[2] 国务院关于加快建立健全绿色低碳循环发展经济体系的指导意见：国发〔2021〕4 号[EB/OL].（2021-02-22）[2024-05-20]. https://www.gov.cn/zhengce/zhengceku/2021-02/22/content_5588274.htm？eqid=998d98e50000c0920000000066461e524.

[3] 《新时代的中国绿色发展》白皮书（全文）[EB/OL].（2023-01-19）[2024-05-20]. http：//www.scio.gov.cn/zfbps/zfbps_2279/202303/t20230320_707649.html.

[4] 中共中央、国务院印发《数字中国建设整体布局规划》[N]. 人民日报，2023-02-28（1）.

[5] 国务院办公厅关于加快发展外贸新业态新模式的意见：国办发〔2021〕24 号[EB/OL].（2021-07-02）[2024-05-20]. https://www.gov.cn/zhengce/content/2021-07/09/content_5623826.htm.

[6] Scofidio R. The Economic and Environmental Benefits of Green Meetings[J]. Journal of Sustainable Tourism，2009，17（3）：345-358.

[7] Kundzewicz Z W，Giannakopoulos C，Schwarb M，et al. The Impact of Events on Global Environmental Change[J]. Global Environmental Change，2008，18（3）：456-466.

[8] Payson D. Exploring the Theoretical Foundations of Green Meetings[J]. Journal of Event Management，2007，11（2）：123-134.

项目 7 绿色展览策划

【学习目标】

1. 了解绿色展览的内涵
2. 了解绿色展览策划成功的关键要素
3. 掌握绿色展览的策划流程
4. 熟知绿色展览的评价指标
5. 能够撰写绿色展览策划清单

【学习引导】

法兰克福书展：以绿色展览引领可持续发展新潮流

2024 年 10 月 15 日，全球最大的图书展会之一——法兰克福书展，不仅以其庞大的书籍展示和行业网络而闻名于世，在环保方面的卓越表现也备受瞩目。展会通过一系列创新的绿色实践，致力于减少对环境的影响，成为全球展览领域中推行绿色展览的典范。

1. 环保材料应用：可持续展台设计引领潮流

今年的法兰克福书展鼓励参展商采用环保材料进行展台设计，为绿色展览设立了新的行业标准。书展倡导参展商尽量选用再生纸、竹材等可再生资源，同时减少一次性用品的使用。展会主办方还提供了多种环保材料供选择，使得参展商在展示产品的同时，践行环保承诺。某知名出版社负责人表示："我们希望用这种方式减少对资源的浪费，同时让观众感受到一种'可持续之美'。"

2. 节能举措：高效管理能源，践行绿色承诺

作为一场规模庞大的展览，法兰克福书展在节能方面也付出了诸多努力。场馆采用节能型 LED 灯光系统，在保障展会正常运作的前提下，将电力消耗降至最低。此外，场馆优化了照明布局，尽可能利用自然光线，并设置智能温控系统以降低空调能耗。展会运营负责人指出："这些节能措施不仅是对资源的保护，也是对环保理念的实际践行。"

3. 交通减排：多元出行选择，鼓励低碳出行

为了降低参展观众的出行碳足迹，法兰克福书展与当地公共交通部门合作，为参展观众提供低碳出行选择。参展观众可享受公共交通优惠，还能搭乘低排放班车抵达展会。此外，展会倡导参观者选择共享出行方式，以减少个人碳排放。对此，主办方表示："交通减排是展会实现绿色目标的重要环节，我们希望通过这种方式，让每一位参展者都能为环保尽一份力。"

4. 废弃物管理：推行分类回收，构建绿色循环

展会期间，主办方积极推进废弃物的回收与循环利用。场馆内设置了多个分类回收站，方便参展商和观众妥善处理纸张、塑料、金属等废物。法兰克福书展与当地废弃物管理公司合作，确保所有可回收物品得到科学处理，减少废弃物对环境的压力。主办方称，这不仅是减少污染的有效途径，也是传递绿色理念的重要方式。

5. 数字化服务：电子票务与地图，减少纸张浪费

数字化技术为绿色展览提供了新思路，法兰克福书展充分利用电子手段减少印刷品的需求。展会推出电子票务系统、数字地图与手册，观众通过手机即可获取所有参展信息，避免了传统纸质材料的浪费。"数字化不仅使参展体验更加便捷，还让我们对环境的影响大大降低，"一位展会参与者说道。

6. 绿色出版：倡导环保主题，推广生态意识

在今年的展会主题设定上，法兰克福书展特别关注与环境保护、可持续发展相关的出版内容。展会上展示了大量生态保护类书籍与资源，通过推广绿色主题内容，使读者和出版商在阅读和消费过程中能够接触到更多关于生态可持续性的知识。这一主题吸引了大批对绿色话题感兴趣的读者与媒体的关注。

通过以上绿色举措，法兰克福书展为业界树立了重要榜样。主办方表示，希望未来更多展会能采用类似的环保措施，共同推动全球展览业的可持续发展。"绿色展览不仅是行业趋势，更是我们对地球的责任。通过这次展会，我们希望能唤起大家对环境的关注，为可持续发展贡献一份力量。"法兰克福书展总监总结道。

资料来源：https://baijiahao.baidu.com/s？id=1821070392344650852&wfr=spider&for=pc（作者根据资料改编）。

思考：展览作为一种典型的市场推广与交流平台，具有多重目的。展览是企业进行市场推广的有效方式，企业通过展览展示新产品、推广现有产品及服务，吸引潜在客户，提高市场知名度。同时，通过展览，企业可以塑造和强化品牌形象，展示企业文化和价值观。此外，展览还肩负着一定的社会责任，尤其是绿色展览，企业可通过展示其环保与可持续发展的实践来履行社会责任。因此，如何深入贯彻绿色展览理念，实现展览本

身的绿色化以及企业间的高效沟通，也是全球需要探讨并着力解决的重点问题。

【任务认领】

　　大学生绿色展览比赛是一项旨在推动会展创新型人才培养、整合多方资源、构建会展业项目和人才平台的重要活动。此类比赛通常由政府、教育机构、行业协会和相关企业联合举办，以促进会展业的创新和可持续发展。

　　例如，第四届大学生绿色会展创新创意挑战赛于 2021 年 12 月在江西南昌举行，由江西省商务厅和江西省教育厅共同主办，南昌师范学院和江西省会议展览业协会承办。大赛以"坚持绿色发展，打造双循环下人与自然和谐共生的江西"为主题，推动江西融入新发展格局。第五届大学生绿色会展创新创意挑战赛在 2022 年 11 月成功举办，大赛主题为"创新数字会展，重振江西茶产业辉煌"，旨在实现"数字+会展+江西茶·香天下"的跨产业融合发展。第六届大学生绿色会展创新创意挑战赛于 2023 年 11 月在江西南昌举行，大赛主题为"加快建设美丽江西，促进人与自然和谐共生"，旨在展示大学生会展创新成果，对促进会展业高质量发展具有重要意义。

　　这些比赛不仅为大学生提供了展示创新和实践能力的平台，还通过竞赛形式促进了会展教育与产业发展的紧密结合，同时推动了绿色、环保理念在会展业中的应用。

　　要求：根据所掌握的绿色展览的策划知识，制定合理的绿色展览策划方案。从展览的材料选用、展览的设计与搭建、展览会场的能源效率、展览对环境的影响以及展览的废物管理等方面，优化展览的绿色可持续方案，提出切实可行的减碳措施。

7.1　绿色展览概述

7.1.1　展览的概念

　　展览（Exhibition）是一种有组织的活动，它将人们聚集在一起，以展示、交流和体验为目的。以下是展览的几个关键概念。展览最基本的功能是展示产品、服务、艺术作品或科技成果，同时，展览提供了一个平台，使参展者和参观者能够直接交流信息和想法。展览具有多功能的社交和商业属性，结合了展示、交流、教育和娱乐等多种元素，服务于不同的目标和需求。从形式上看，展览包括实体展览（Physical Exhibitions）、虚拟展览（Virtual Exhibitions）、艺术展览（Art Exhibitions）、商业展览（Trade Shows）等多种表现形式。

　　展览的主要特征如下：

　　1）明确的目的性：展览通常具有明确的目的，如品牌推广、市场调研、产品销售、行业交流等。

2）聚集性：展览能够将行业内的众多参与者聚集在一起，包括参展商、供应商、专业观众和消费者。

3）直观性：展览通过实物展示，使参与者能够直观地看到、触摸到产品或服务，这种体验是线上交流难以替代的。

4）参展者的互动性：展览提供了一个面对面交流的平台，参展商和观众可以直接沟通，实现信息的即时交流和反馈。

5）一定的商业价值：作为商业活动的一种形式，很多展览的主要目的是促进销售、建立商业联系或签订合同。

6）可持续性：随着环保意识的提高，绿色展览逐渐成为趋势，其强调使用可循环材料、节能减排和减少废物产生。

7.1.2　绿色展览的概念

绿色展览是以环保和可持续性为核心理念的展览形式，它强调在展览的全过程中减少资源消耗和环境污染，提高资源的利用效率，并通过优化设计、选用环保材料、提高能源利用效率等措施实现可持续发展。

绿色展览的概念源于对可持续发展的追求，它涵盖了从展览策划、设计、搭建、运营到拆除的各个环节，旨在实现会展活动经济、社会和环境效益的协调统一。绿色展览的主要特征包括使用环保材料、节能技术、减少废物产生、提高展览材料的循环利用率等。中国展览馆协会发布的《中国绿色展览发展报告（2024）》系统梳理了绿色展览的发展历程、面临的形势、机遇与挑战，并提出了推动绿色展览发展的建议，这标志着中国展览业正积极融入全球绿色展览的浪潮之中。

绿色展览的设计原则包括减少资源消耗、降低环境污染、提高能源利用效率、优化设计、考虑人体工程学、注重美学与文化元素、创新与科技应用、循环利用与再利用、培训与指导以及监测与评估，这些原则有助于实现展览活动的环保与可持续性。

绿色展览的实践不仅有助于推动会展业的绿色发展，而且对于提升公众的环保意识、促进社会经济的可持续发展具有重要意义。随着全球对环保和可持续发展的重视，绿色展览是会展业响应全球可持续发展趋势、实现国家"双碳"目标的重要举措，也是会展业自身转型升级的必然选择。

7.1.3　绿色展览的特征

绿色展览不仅有助于减少展览活动对环境的负面影响，又能促进会展业的可持续发展和社会责任实践。绿色展览的特征体现在其对环境友好、资源节约和可持续性的追求上，具体包括：

1）环保材料的使用：优先选择可回收、可降解或环保认证的材料进行展台搭建和展示。

2）节能技术的应用：在照明、空调、电子设备等方面采用节能技术，减少能源消耗。

3）模块化和可重复使用：展台和展示系统设计为模块化，便于拆卸和重复使用，提高资源利用效率。

4）绿色认证与环保评估：遵循或通过相关的绿色展览标准和认证，如绿色会展标准等，对展览的环境影响进行评估，并采取措施减少负面影响。

7.1.4　绿色展览的益处

1）推动产业绿色发展与经济增长。国家和地方政府出台相关政策，以书面条文的形式指导和鼓励会展业向绿色、低碳、可持续方向发展。例如，国务院发布的《关于加快建立健全绿色低碳循环发展经济体系的指导意见》指导制定了行业相关绿色标准，推动办展设施循环使用。这有助于绿色展览减少资源浪费、降低能源消耗、降低展览成本、提高性价比，对会展业及相关产业产生积极的经济效益。绿色展览的推广还能促进绿色材料、节能技术的研发和应用，带动绿色产业发展。

2）提高公众环境保护意识与改善环境。绿色展览的推广有助于促进社会形成绿色消费、低碳生活的理念。同时，绿色展览的实践和宣传也有助于提升会展业的社会形象，彰显行业的责任和担当。绿色展览通过使用环保材料、节能技术等措施，减少展览过程中的废弃物产生、能源消耗和污染排放，对环境保护产生积极影响。例如，绿色展具的使用可以减少展览结束后产生的垃圾，降低对环境的压力。

3）提升企业竞争力，促进行业革新。绿色展览的发展趋势对会展行业内部产生深远影响，推动行业进行自我革新和转型升级。会展企业需要调整经营理念，采用绿色、环保的展览方式，提升服务质量和竞争力。同时，绿色展览也为行业带来新的合作机会和发展空间。为实现绿色展览，会展业需要采用更加环保、节能的技术和解决方案，如使用可再生材料、节能照明、智能温控系统等。这些技术的应用不仅有助于实现绿色展览的目标，也推动了相关技术的发展和创新。

4）促进区域发展与国际合作交流。绿色展览的推广有助于促进区域经济的均衡发展，特别是对于资源相对匮乏、生态环境较为脆弱的地区。通过发展绿色展览，可以吸引更多的投资和人才，促进当地经济的可持续发展。绿色展览的理念和实践有助于加强国际合作与交流，提升中国会展业的国际形象和影响力。通过参与国际绿色展览活动，中国可以学习借鉴国际先进的理念和技术，推动国内会展业的绿色发展。

7.1.5　绿色展览策划的目标与原则

绿色展览成功举办的关键性要素主要包括以下几个方面：

1）贯彻"3R"理念：绿色展览应贯彻减量化（Reduce）、重复使用（Reuse）、可循环（Recycle）的"3R"理念，这是绿色展览的基础。

2）环保材料的使用：展台搭建过程中应使用可装配型材，如铝合金桁架、truss架等，这些材料标准化程度高、组装灵活，可循环可再利用，减少垃圾产生。

3）政府政策支持：政府应出台相关政策，鼓励和支持绿色展览的实施，如财政补贴、税收优惠等。

4）行业合作：需要场馆、组织方、搭建商和参展商等各方的积极参与和合作，共同推动绿色展览的发展。

5）技术创新：应用新技术和新材料，提高展览的环保性能和可持续性。

6）绿色设计与经营：在策划、设计、制作过程中坚持贯彻绿色理念，向国际前沿看齐。

7）绿色评价体系：建立绿色会展的评价指标体系，对展览的绿色程度进行评估和监控。

8）宣传推广：通过各种渠道宣传绿色展览的理念和实践，提高公众的环保意识。

9）国际交流与合作：学习和借鉴国际上的绿色会展理念和做法，推动国际交流与合作。

10）持续改进：根据反馈和建议，不断改进绿色展览的实践，提升服务质量和参展体验。

通过这些关键性要素的实施，绿色展览不仅能减少对环境的影响，还能提高会展业的可持续发展能力。

7.2　绿色展览策划的前期准备

7.2.1　确定展览的主题与目标

确定展览主题是一个战略性过程，需要考虑目标受众、市场趋势、组织目标以及展览性质等多方面因素。绿色展览的主题与目标是多元化的，旨在通过展览活动，推动环保意识提升、促进可持续发展，实现经济、社会和环境效益的协调统一。

提升环保意识：通过展览活动，提高公众对环境问题的关注度，积极倡导绿色生活方式和消费模式。

展示可持续发展的实践案例：展示可持续发展案例，推广绿色技术和产品，促进社会经济的长期健康发展。

资源循环利用：鼓励在展览的策划、设计、搭建和拆除过程中，采用可循环利用的材料和资源，减少浪费。在展览活动中采用节能技术和设备，减少能源消耗，降低展览对环境的影响。计算展览活动的碳足迹，采取碳抵消措施，努力实现展览活动的碳中和。

推动绿色技术创新：展示和推广绿色技术创新成果，如绿色建筑材料、清洁能源技术等，推动绿色科技的发展和应用。

宣传环保政策法规：通过展览活动宣传国家和地方的环保政策和法规，提高公众对环保法规的认知和遵守程度。

促进国际交流合作：通过绿色展览平台，促进不同国家和地区在环保和可持续发展方面的交流与合作。

遵循绿色展览标准：以参与或依据绿色展览的相关标准为主题，如《GECA 认证绿色展览会》标准编制说明，确保展览活动的绿色化。

分享成功案例：分享国内外绿色展览的成功案例，如《中国绿色展览发展报告（2024）》中提到的案例，为行业提供借鉴和学习的机会。

通过这些主题与目标的实现，绿色展览不仅能够提升公众的环保意识，还能够推动会展业和相关行业的绿色转型，为实现全球可持续发展目标作出贡献。

7.2.2 绿色展览的市场调研与目标受众分析

绿色展览的市场调研是一个全面且系统的过程，涉及以下多个方面：

了解国家和地方政府关于绿色展览的政策导向和法规要求，如《GECA 认证绿色展览会》标准编制说明和《中国绿色展览发展报告（2024）》。

调研目标受众对绿色展览的认知、需求和期望，了解他们对环保材料、节能技术等方面的态度和偏好。

研究行业内的绿色展览标准，如《绿色展台评价指南》（GB/T 41129—2021），确保展览的绿色化符合行业规范。

关注绿色展览的行业发展趋势，包括新材料、新技术的应用，以及绿色环保理念在展览行业的普及程度。

评估可用于绿色展览的资源，包括资金、场地、技术、人才等，确保绿色展览的可行性。

研究绿色展览的运营措施，如绿色物流、绿色搭建、节能照明等，以减少展览对环境的影响。

调研绿色展览的设计策略，如使用可再生材料、优化空间布局、减少废物产生等，以提高展览的环保性能。

了解如何通过数字媒体、社交平台等宣传推广绿色展览，提高公众对绿色展览的认知。

评估绿色展览的实际效果，包括环保成效、观众反馈、参展商满意度等，为持续改进提供依据。

通过以上市场调研步骤，组织者可以更好地了解绿色展览的市场环境，制定出有效的策略，推动绿色展览的成功举办。

绿色展览的受众分析主要聚焦于了解和满足不同参展及参观人员的需求，以提高展览的环保意识传播效果和参与度：

分析目标受众对绿色展览概念的认知水平和接受程度，了解他们是否理解绿色展览的重要性以及其对环境的积极影响。

调研不同受众群体对绿色展览的具体需求和期望，包括环保材料的使用、节能技术的应用、展览的可持续性等方面。

研究受众在展览中的行为模式，如他们对绿色展台的偏好、参观时的互动方式等，以便设计出更符合受众行为习惯的展览内容和形式。

收集参展商、观众及合作伙伴对绿色展览的反馈和建议，了解他们对绿色展览实施效果的评价和期望的改进方向。

分析受众对绿色展览教育内容的接受情况，评估教育活动对提升受众环保意识的效果。

对受众进行市场细分，识别不同的需求和偏好，从而为其提供更加个性化的绿色展览体验。

研究受众对于绿色展览相关产品和服务的支付意愿，了解他们对绿色展览价值的认可程度和支付能力，为展览的商业运营提供参考。

7.2.3　绿色展览的预算规划与资金筹集

绿色展览的预算规划与资金筹集是确保展览顺利进行的关键环节：

在预算规划的初期，需要明确绿色展览的目标和预期成果，这将直接影响预算的规模大小和分配方向。

对绿色展览的各个方面进行成本分析，包括场地租赁、设计搭建、物流、宣传推广、材料采购等，确保预算合理分配。

积极了解和利用国家及地方政府对绿色展览的扶持政策和补贴，降低成本压力。

实行"绿色搭建、绿色运营、绿色餐饮、绿色物流、绿色推广"的五环联动模式，致力于打造低碳、环保、可持续的展览平台。

寻找与绿色理念契合的合作伙伴，通过合作获取资金支持或实现资源共享。

在预算规划中考虑使用环保材料和技术，虽然初期投资可能较高，但长期来看，有助于降低运营成本。

除传统的资金筹集方式，还可以考虑众筹、赞助、预售门票等方式筹集资金。

在预算规划中纳入对潜在风险的评估，并制订相应的应对措施，如针对市场变化、成本上涨等风险提前做好应对准备。

在展览筹备和进行过程中，持续监控资金流动情况，及时调整预算，确保资金合理使用。

考虑获取绿色展览认证，这不仅能提升展览的品牌形象，还可能吸引更多的资金支持和观众参与。

通过综合运用这些策略和方法，可以有效地规划绿色展览的预算，并筹集所需资金，确保展览的顺利进行和成功实施。

7.3 绿色展览策划的内容与流程

7.3.1 绿色展览策划的内容

绿色展览的策划内容应遵循绿色、环保、可持续的原则，以绿色发展理念为核心，贯穿整个展览活动的策划与实施过程。具体内容如下：

调研目标受众的需求、市场趋势和政策法规，确保展览主题与市场需求相符。选择与环保、节能、可持续发展等相关的主题，如"绿色生活，共建未来"，通过多维度展示与互动，鼓励公众参与环保行动。

展示环保技术和产品，如可再生能源、节水设备等，同时设立技术交流区域，促进技术交流与合作。

展台搭建时，使用可装配的型材，如铝合金桁架、truss 架等。在展厅设计中，采用绿色材料，如可再生的竹子、麻绳，以及经过 FSC 认证的木材，这些材料具有更低的环境影响。

优化物流计划，减少运输过程中的碳排放。

利用数字化手段进行宣传，减少纸质材料的使用，提高宣传效率。

展览结束后，合理拆除展台，确保材料的回收和循环利用。

对参展商和工作人员进行绿色展览理念的培训，提高他们的环保意识。通过多媒体展示、互动装置和实际案例，帮助观众深入了解可持续发展领域的前沿动态和创新实践。

开展线上展览活动，利用虚拟现实（VR）和增强现实（AR）技术，为观众提供云端观展体验，减少实体展览的资源消耗。

通过艺术家和环保组织合作打造的艺术装置，融入环境保护主题，为观众提供深入理解环境（Environment）、社会（Social）、治理（Governance）的 ESG 理念的机会。

7.3.2 绿色展览的策划流程

第 1 步：确定展览的主要目标和目的。进行市场调研，了解行业趋势、目标受众的需求和兴趣点以及竞争对手的活动。识别并分析目标受众的特征，包括兴趣、年龄、职业和文化背景。评估可用资源，包括预算、场地、技术设备和人力资源。组织创意发想会，邀请团队成员、行业专家和潜在参展商参与，集思广益提出创意和建议，并对潜在的主题进行可行性研究，评估其实施的难易程度和潜在风险。

第 2 步：地点选择与协商。选择地点和举办地应基于绿色环保的原则。在与举办地点/地区协商时，应明确传达对绿色展览的承诺。例如，优先选择设施配备有节能设备、使用可再生能源的场所，或者是靠近公共交通设施的地点，以减少与会者的碳排放。

第 3 步：制订详细的行动计划。指派专人负责绿色会议的规划事项，也可以指派一个团队协助实施。详细的行动计划可以确保参与者更好地理解自己的角色和职责。行动计划应包含进度标准、时间表以及适当的监控措施。在早期阶段公开传达绿色环保理念，可以激发参与者的积极性。

第 4 步：组织与实施。将绿色措施应用于会议组织与实施的各个方面，包括与会者和发言人的沟通、交通运输的安排、餐饮服务和住宿等。例如，采用可再生能源的交通工具，提供本地和有机食品的餐饮服务，选择环保型住宿场所等。

第 5 步：报告、监测和评估。通过监测和评估展览的有效性和影响，提高会议期间绿色活动的实施效果。在展览结束后，与员工、参与者、公众以及今后展览合作组织共同讨论本次绿色展览的成功和不足之处，评估成效，为今后的绿色展览提供宝贵经验。

7.3.3 绿色展览标识的概念

绿色展览标识意义重大，它不仅体现了会展业对环保和可持续发展的承诺，还对推动整个行业向更加绿色、环保的方向发展起到了积极作用。其目的是标识可持续的展览发展模式，通过展览宣传提升行业形象、引导环保行为、增强公众环保意识，通过展览增强国际交流与合作，进而提高展览质量，提高行业的综合竞争力。

7.3.4 一些常见的绿色展览标识

1）绿色认证标识：如 GECA 认证绿色展览会标志，这是根据《GECA 认证绿色展览会》标准编制说明而来的，它表明展览会符合特定的绿色标准和要求，确保展览活动的绿色化。

2）国家标准标识：根据《绿色展览运营指南》（GB/T 42496—2023），可能会有相应的标识来表明展览的绿色运营符合国家标准。

3）绿色产品标识：根据《绿色产品标识使用管理办法》，绿色产品标识可用于获得认证的产品或其随附文件，展示产品的环保属性。

4）数字平台标识：在展览的官方网站、移动应用程序等数字平台上添加绿色会议标识，向参与者展示展览的环保信息和措施。

5）碳中和标识：一些通过碳抵消措施实现碳中和的展览，会有相应的碳中和标识来展示其环保努力。

6）节能降耗标识：用于展示展览会在节能降耗方面的努力和成就，如使用节能照明和空调系统。

7）绿色出行标识：鼓励参展商和观众使用公共交通或非机动车辆前往展览地点的绿色出行倡议，可能会有相应的标识。

这些徽章或标识有助于提升展览的品牌形象，向公众传达展览对于环境保护的承诺和实践，使参展商和观众更易识别和支持绿色展览。

7.3.5 展览地点的选择

绿色展览地点的选择应遵循一系列标准和依据，确保展览的绿色、环保特性，具体指标如下：

1）符合绿色展览标准与国家标准：根据《GECA 认证绿色展览会》标准编制说明，绿色展览会的地点应在支持引导、节能降耗、低碳环保等方面满足要求。同时，应参考《绿色展台评价指南》（GB/T 41129—2021），该标准适用于评价展览会中的展台是否符合绿色标准。绿色展馆在设施设备、资源节约、运行管理及配套服务等方面也应有相应要求，为推动会展业绿色发展提供指导。

2）展览位置的选择：展览地点应优先选择在建筑与装修过程中使用环保材料的场馆，减少有害物质的释放，符合室内空气质量标准。展览地点应配备节能型设施，如高效节能的照明和空调系统，以及智能能源管理系统。展览地点应有资源循环利用的措施，如雨水回收系统、废物分类回收等。

3）展览设施：使用 LED 照明系统、智能温控系统等节能设备，减少能源消耗。设置垃圾分类回收站，鼓励使用可回收材料，如使用可循环材料制作展台和家具。通过使用可再生能源、实施碳补偿项目等措施，努力实现展览活动的碳中和。使用低挥发性有机物（VOCs）的涂料和黏合剂，减少室内空气污染。通过这些设施和服务，绿色展览不仅能减少对环境的影响，还能提供更健康、更可持续的展览环境。

4）场地规模：绿色展览的规模需综合多维度来衡量，包括展览数量、展览面积、参与人数、展馆数量等。展览的预算是决定规模的关键因素，包括场地租赁、展台搭建、物流、人员、宣传等费用。根据预期的专业观众或公众参与人数来规划展览空间的大小。同时考虑可用的展览场地，如室内展馆、户外空间或其他非传统场地。根据展览的内容和展示需求来确定所需空间和设施。绿色展览的规模选择应与国家"双碳"目标相一致，推动会展业绿色发展，指导制定行业相关绿色标准，促进办展设施循环使用。此外，绿色展览的规模选择还应考虑如何通过科技创新和模式创新，推动绿色低碳和可持续发展。

7.3.6 展览过程中餐饮的选择

绿色展览的餐饮选择不仅能为参展商和观众提供健康、美味的食品，还能减少对环境的影响，推动整个展览行业的绿色发展。因此，绿色展览的餐饮选择是实现绿色展览目标的重要组成部分。根据实践与标准，表 7-1 列出了一些关键点。

表 7-1　餐饮选择标准建议

建议	是/否（"是"请打勾）	注释
确保食品原料的合法性和安全性，选择绿色食品产品，保证食品供应链的绿色化		
在生产经营过程中加强对资源的利用，如通过"明厨亮灶"设备向顾客展示后厨环境和操作流程，提高资源使用效率		
减少塑料垃圾的产生，推广使用可降解或可重复使用的餐具		
鼓励顾客按需点餐，避免食物浪费，推动提供"小份菜"选项		
在绿色展台设计中融入绿色餐饮理念，如使用可再生材料制作展台家具，以及在展台提供绿色餐饮服务		

7.3.7 展览的物料选择与设置

绿色展览的物料选择是实现环保和可持续性的关键环节。通过合理选择绿色物料，绿色展览既能减少对环境的影响，又能提升自身的环保形象，吸引更多的参展商和观众。展览选择标准建议见表 7-2。

表 7-2　展览选择标准建议

建议	是/否（"是"请打勾）	注释
优先选择可再生材料，如竹子、纸张或其他天然材料，这些材料可以通过自然过程再生，减少对环境的影响		
使用可循环利用的材料，如再生塑料、再生金属等，这些材料可以回收再利用，减少资源浪费		

建议	是/否（"是"请打勾）	注释
避免使用含有有害物质的材料，如甲醛、苯等，这些物质可能对人体健康和环境造成危害		
采用模块化设计理念，使展台可以快速搭建和拆卸，便于重复使用和存储		
选择经过绿色认证的材料，如 FSC 认证的木材，确保材料来源的可持续性		
在物料运输过程中采用环保的物流方式，如电动车运输，减少碳排放		

绿色展览的设置与运行标准是为了确保展览活动能够符合环保和可持续性的要求。以下是一些关键的标准和实践。

展台设计：展览的展台应遵循"6R"概念，即尊重原则、使用可再生材料和新材料、可再利用和可循环利用的材料、减少废弃物和污染物、加强记忆和教育。具体包括简化设计、使用环保材料、模块化设计、安全设计等。

展区运营：展区的运营绿色化包括展区无污染、绿色办公、绿色出行和绿色服务。例如，展区应控制光污染、噪声污染、废气污染和视觉污染，同时对固体废物进行无公害分类处理。

物流标准：展览的设备运输展品的运输都应符合绿色物流标准，在物流过程采用绿色运输方式，合理选择仓库地址，采用绿色包装，并运用智慧物流技术。

服务绿色化：展览的服务绿色化体现在展区布置的餐台与餐饮服务单位应合法经营，保证食品生产与服务过程的绿色化，包括采购环节、生产环节和食品服务环节的绿色化。

管理规范：展览管理规范的绿色化涉及展览会的筹备、布展、展出、撤展和总结等全过程，以及主（承）办单位、参展商、观众、展览场馆方、展览服务商等各方的绿色实施要求。

7.3.8 绿色展览策划的评估与反馈

绿色展览的评估与反馈是确保展览活动符合环保和可持续性原则的重要环节。以下是一些关键点：

（1）评估标准遵循

绿色展览应遵循《GECA 认证绿色展览会》标准编制说明，明确绿色展览会的定义，构建科学、合理的绿色展览会认证指标体系。对照相应标准，评估展览的搭建与布局是否符合标准体系。提供绿色展台评价的原则、指标和程序，确保展台符合绿色标准。

（2）评价指标体系

绿色展览的评价指标体系包括支持引导、节能降耗、低碳环保等方面，具体涉及政策鼓励、绿色宣传、绿色服务商推荐、绿色出行方案等多个维度。建立有效的反馈机制，收集参展商、观众和合作伙伴的意见和建议，评估绿色展览的实施效果，并根据反馈进行持续改进。

（3）环境影响评估

对展览活动的环境影响进行评估，包括空气质量、能源消耗、噪声和垃圾排放量等方面。参会者对展览活动主办方环保意识以及参会者自我评估、环保知识掌握程度、采取环保行动的意愿等。

（4）绿色展览评价标准举例

GECA 认证：《GECA 认证绿色展览会》标准编制说明由商务部发布，明确了绿色展览会的定义，构建了绿色展览会认证的指标体系，包括支持引导、节能降耗、低碳环保等方面，为展览会的绿色认证提供了工作指导。

《绿色展台评价指南》（GB/T 41129—2021）提供了绿色展台评价的原则、指标和程序，适用于评价经济贸易展览会中的展台是否符合绿色标准。

《绿色展览运营指南》（GB/T 42496—2023）由全国会展业标准化技术委员会归口，提供了绿色展览运营的指导，包括节能降耗、低碳环保等方面。

《绿色展馆》行业标准：该标准明确了绿色展馆设施设备、资源节约、运行管理及配套服务等方面的相关要求，为推动会展业绿色发展奠定了良好基础。

《绿色展会评价规范与指标体系》（T/SDHZ 001—2024）是山东省会展产业发展协会制定的团体标准，重点针对绿色展会运营方案制定、宣传推广手段、绿色展台普及率等展会运营重点环节。

绿色产品评价：《绿色产品评价　计算机》和《绿色产品评价　打印机及多功能一体机》等标准，虽然不是专门针对展览的，但提供了绿色产品评价的框架，可以为展览中使用的相关设备和材料的绿色性提供评价依据。

【知识小结】

绿色展览：指在策划、组织、实施和评估展览活动的过程中，采取一系列环保措施，以减少对环境的负面影响，提高资源利用效率，实现可持续发展的展览形式。其核心理念是"绿色、环保、可持续"。

绿色展览的特征：环保材料的使用、节能技术的应用、减量化设计、模块化与可重复使用等。

绿色展览的策划内容：市场调研与主题设定、内容规划、展览设计搭建过程中材料的选择、展览过程中节能技术的应用、绿色物流等。

绿色展览策划的评估与反馈：包括环保效果评估、参与者满意度调查、环保意识提升评估、社会责任项目评估等。

【案例】

链博会入选《中国绿色展览发展报告 2024》优秀案例

中国国际供应链促进博览会（以下简称链博会）是全球首个以供应链为主题的国家级展会。首届链博会于 2023 年 11 月 28 日至 12 月 2 日在北京举办，由中国国际贸易促进委员会主办，中国国际展览中心集团公司（以下简称中展集团）承办。作为承办单位，中展集团通过实行"绿色搭建、绿色运营、绿色餐饮、绿色物流、绿色推广"的五环联动模式，致力于打造低碳、环保、可持续的展览平台。中展集团还与中国太平洋保险公司合作，制定了首届链博会碳信用、碳普惠等碳中和方案。同时，首届链博会通过了北京市绿交所的碳中和认证，获得"碳中和证书"。

第二届链博会于 2024 年 11 月 26 日至 30 日在北京中国国际展览中心（顺义馆）举办，展出规模约 10 万 m^2，设置先进制造链、清洁能源链、智能汽车链、数字科技链、健康生活链、绿色农业链等六大链条和一个供应链服务展区。第二届链博会继续秉承国际化、专业化、市场化、绿色化的办展理念，为全球经贸界奉献一场质量更优、看点更多、成效更佳的盛会。中展集团拥有中国国际展览中心朝阳馆和顺义馆两大展馆。在办展过程中，中展集团大力倡导绿色会展新模式，并在实践中贯彻低碳、绿色、环保的理念。

在场馆维护和建设方面，中展集团将建设低碳智慧场馆作为改革创新的重点任务。制定场馆绿色智能改造方案，逐年提升可再生能源在冬季供热总量和夏季供冷总量中的比例。同时，启动场馆数字化管理平台建设，运用互联网、物联网、AI、大数据等信息化手段，对老旧设备进行数字化升级改造，并实时监控新型节能设施的运行情况。

在境内外设计搭建方面，中展集团积极推广绿色展具套餐，不断提升绿色展具使用的市场份额。中展工程有限公司承接了多场国际展会的设计搭建工作，将绿色会展理念带到全球各地。在展会垃圾处理方面，中展集团持续完善管理体系，统筹再生资源管理，实现垃圾的分类回收和循环利用。

随着全球对绿色低碳发展的日益重视，绿色会展已成为推动经济高质量发展的重要途径。中国展览馆协会发布的《中国绿色展览发展报告 2024》不仅展示了我国绿色会展领域的最新成果，也为未来绿色会展的发展指明了方向。众多优秀案例表明，通过科技创新和模式创新，展览行业完全可以在促进经济发展的同时，实现绿色低碳和可持续发展。未来，随着更多企业和机构加入绿色会展的行列中来，我国会展行业必将迎来更加广阔的发展前景。

资料来源：http：//www.ciec-expo.com/ciec/ciecexpo/contents/4088/57961.html。

案例分析：中国国际供应链促进博览会作为全球首个供应链主题国家级展会，成功入选《中国绿色展览发展报告2024》优秀案例，彰显其在绿色办展方面的突出贡献。链博会通过实施绿色搭建、运营、餐饮、物流和推广"五环联动"模式，获得北京市绿交所碳中和认证，并创新性地与保险公司合作实施碳信用与碳普惠方案。此外，中展集团积极推动场馆的低碳智慧建设，采用数字化平台管理，提升绿色智能改造和可再生能源应用比例。链博会的实践经验表明，绿色会展可实现经济效益与环境效益协同发展，为行业提供可复制、可推广的典范路径。

【任务测试】

1. 什么是绿色展览，绿色展览的内涵有哪些？
2. 绿色展览策划的成功关键要素有哪些？
3. 绿色展览的策划流程包括哪些关键步骤？
4. 绿色展览的评价体系有哪些？

【任务拓展】

绿色展览的实践

绿色展览的成功案例在全球范围内越发受到关注，这些案例展示了如何运用创新和可持续的方式举办展览。通过科技创新和模式创新，展览行业可以在促进经济发展的同时，实现绿色低碳和可持续发展。随着全球对绿色低碳发展的重视程度日益加深，绿色会展已成为推动经济高质量发展的重要途径。

➤ 中国国际供应链促进博览会（链博会）

这是全球首个以供应链为主题的国家级展会，通过实行"绿色搭建、绿色运营、绿色餐饮、绿色物流、绿色推广"的五环联动模式，致力于打造低碳、环保、可持续的展览平台。首届链博会通过了北京市绿交所的碳中和认证，获得碳中和证书。

➤ 中国国际展览中心

中展集团在场馆维护和建设方面，将建设低碳智慧场馆作为改革创新的重点任务，制定场馆绿色智能改造方案，逐年提高可再生能源的使用比例，并启动场馆数字化管理平台建设，对场馆设备进行智能化管控。

➤ 法国智奥会展"数字碳中和"解决方案

在第四届中国国际进出口博览会上，法国智奥会展携城市会展"数字碳中和"解决方案进行亚洲首发。该方案以"数字碳中和"解决方案加速推动传统展会绿色化、智慧化转型。

➤ 2024 中国国际绿色低碳产业博览会

该博览会以"绿色低碳 融合创新"为主题，聚焦绿色技术交易、双碳认证管理、绿色金融创新协同等领域，展示绿色能源、高效节能、负碳科技等前沿技术与产品，推动绿色低碳产业的创新发展。

➤ 台北国际建筑建材展

展会展示了友善环境的材料、节能减碳的制程技术，以及改善建筑物的能源效率的相关成果，如王一设计规划展位，在展现企业亮点的同时兼顾了可持续发展理念。

【实训】

1）收集你所在城市展览信息，包括艺术展览、材料展览、新技术发明展览等，从中判断城市举办展览的具体形式。根据这些正在举行展览的情况，指出展览过程中存在的资源与材料使用、展览形式等方面存在的环保问题，并提出绿色展览的可行性方案。

2）随着经济的发展，中国在国际上的地位日益提升，越来越多的展览将目光投向中国，而中国越来越多的城市开始努力打造绿色可持续的新名片，通过举办各种展览，如艺术品展、高科技展等，拉动城市经济发展与提升知名度。成都举办的 ISO 20121 培训，旨在帮助会展从业人员掌握国际大型活动可持续性管理的标准要求与应用方式，减少会展碳排放和展会资源浪费，体现了绿色展览在提升行业标准和专业知识方面的努力。

国家会议中心作为绿色展馆的典型代表，在各环节均采用绿色设计理念，严格按照国家环保标准实施，实现了绿色运营的目标，展示了绿色展览在硬件设施和运营管理上的实践。查阅相关的资料，总结并分析国家会议中心在各环节的绿色会展设计理念，以及举办展览时在实现环境与资源保护方面所采取的措施。

参考文献

[1] 国务院. 关于加快建立健全绿色低碳循环发展经济体系的指导意见[Z]. 国发〔2021〕4 号，2021.

[2] 山东省会展产业发展协会. T/SDHZ 001—2024 绿色展会评价规范与指标体系[S]. 2024.

[3] 国家市场监督管理总局，国家标准化管理委员会. GB/T 42496-2023 绿色展览运营指南[S]. 北京：中国标准出版社，2023.

[4] 国家市场监督管理总局，国家标准化管理委员会. GB/T 41129-2021 绿色展台评价指南[S]. 北京：中国标准出版社，2021.

[5] 贾岷江. 我国展览业绿色化变革的力场分析与管理对策[J]. 商展经济，2024（3）：7-10.

[6] 全国会展业标准化技术委员会（SAC/TC 348）. 绿色展览运营指南：GB/T 42496—2023[S]. 中国标准出版社，2023.

[7] 范娜娜，冯诗咏，魏唯，等. 绿色发展背景下的会展业循环经济与实践研究——以广州市琶洲展馆项目为例[J]. 现代商业，2021（35）：49-53.

[8] 颜思远，童琦. 绿色会展发展现状与对策研究——以广交会为例[J]. 企业导报，2016（14）：60-61，68.

[9] 裴超. 双循环下的会展效能——简析会展业带动双循环经济高质量发展[J]. 中国会展，2021（9）：10，26-33.

[10] 陈泽炎. 关于绿色会议和会展活动的碳中和问题[J]. 中国会展（中国会议），2021（12）：12.

[11] 裴超. "链"接世界"博"览全球——第二届中国国际供应链促进博览会举办[J]. 中国会展，2024（23）：36-37.

项目 8 绿色会展项目设计施工

【学习目标】

1. 理解绿色会展项目设计施工的基本原则及材料选择要点

2. 掌握如何使用环保材料和节能技术，提升项目的绿色环保水平

3. 熟悉绿色展览的相关标准与政策

4. 理解绿色会展项目设计中生态美学的融合方式，实现功能与美感的统一

5. 掌握绿色会展项目从设计到施工再到运营的全流程管理技能，能够运用绿色技术和方法进行项目规划与实施

6. 培养对环境保护的责任感，提升在会展项目中实践绿色理念的积极性和创新性

【学习引导】

绿色办展·零碳进博

近年来，中国走出了一条绿色低碳高质量发展道路。与此同时，我国"双碳"相关领域的国际合作机会不断增多，市场也不断扩大，为全球企业带来"绿色机遇"。在不久前闭幕的第六届中国国际进口博览会（以下简称进博会）上，场馆内外绿色低碳元素随处可见，众多展商纷纷展示相关产品和解决方案，"四叶草"里吹起一股强劲的"绿色风"。

进博会越办越好，碳排越来越少

第六届进博会亮点纷呈：289 家世界 500 强和行业龙头企业参加企业商业展，数量为历届之最；超 300 个创新项目参展，数量超过前两届总和；按一年计意向成交金额达 784.1 亿美元，比上届增长 6.7%。在多个方面创下新高的同时，其碳排放量却堪称"历史最低"。

"进博会场馆里的每一盏灯、每一块屏幕、每一台设备，都是由来自外省份的风电、光伏等新能源点亮、驱动。"国网上海市电力公司工作人员介绍道。据了解，第六届进博会通过省份间绿电交易的方式，减少碳排放约 3360 t，首次实现 100%全绿电办展。

此外，绿色办展的理念还体现在诸多细节中。展台设计遵循简化、模块化、可循环原则，材料回收率达到 100%；将节能减碳理念融入交通出行、垃圾回收等日常场景，让

观众在参展过程中亲身感受绿色、参与绿色行动，结合低碳环保等热点主题，开发相关文创产品，打造绿色办展理念传播新载体。

进博会的举办地——国家会展中心（上海），也有一颗绿色低碳"内核"。智慧建筑公司江森自控是进博会的老朋友，长期为国家会展中心（上海）提供暖通空调系统和楼宇自控系统的设备。每年进博会举办期间，江森自控的高级技术专家团队都会驻场，全程为办公楼及展馆的各项设施正常运作提供技术保障，并提供绿色低碳解决方案。

江森自控亚太区总裁朗智文表示，江森自控将从进博会中汲取源源不断的发展动力，从而更好地根植中国、服务中国，构建零碳未来。

响应绿色理念，展示绿色成果

今年（注：2023年）是进博会第二次启动"零碳进博 零塑办博"行动，在这一绿色理念的助推下，不少参展商更加积极地向"零碳未来"迈进，绿色成果不断涌现。

"第一次听说水果还能变皮革！"在都乐展台的"水果皮革"展示区，现场观众赞叹声不断。食物浪费一直是一个全球性问题，不仅造成经济损失，还会造成温室气体排放。为此，都乐携手国内新材料研发企业"贻如生物"（SynMetabio），实现了将瑕疵及不达标的水果制作成100%生物基环保皮革的技术突破。并且，在整个"水果变皮革"的制作过程中，都乐还实现了"生产零碳排"的目标。

城市碳排放占全球碳排放总量的70%，城市既是经济增长的主体，也是温室气体排放的主要源头。环保领域企业丹佛斯以"践行ESG理念，赋能零碳城市"为主题亮相第六届进博会，并与中节能节能科技有限公司、青岛海尔智慧楼宇科技有限公司等行业龙头企业签订战略合作协议。丹佛斯中国区总裁徐阳说："我们带来了领先的脱碳解决方案和最佳实践，并将携手合作伙伴加以实施，助力中国城市早日实现脱碳发展。"

"绿色理念还帮我们拓宽了业务。"国内一家知名原料奶供应商正在推进畜牧业碳减排，得知其业务伙伴——跨国药企勃林格殷格翰也在聚焦低碳减排业务，双方很快就探索牧场碳减排项目达成了合作。"我们希望和上下游企业一起携手，为中国可持续发展贡献力量。"勃林格殷格翰相关负责人殷好涵说道。

第六届进博会为全球企业展示其绿色成果提供了舞台，可以预见，未来，将有更多绿色成果借助进博会落地生根、开花结果。

资料来源：https://www.ciie.org/zbh/bqxwbd/20231220/42280.html。

思考：作为未来的会展行业从业者或相关领域的学习者，我们应当从进博会的案例中汲取灵感，思考如何将绿色理念更深入地融入会展项目的每一个环节。从设计之初就考虑材料的可再生性、施工的环保性、运营的节能性，到后期维护的可持续性，每一步都需要我们精心规划与创新实践。

同时，我们也应意识到，绿色会展的实践是一个持续改进的过程，需要政府、企业、社会公众等多方面的共同努力。通过政策引导、技术创新、市场机制的完善，以及公众环保意识的提升，共同推动绿色会展行业的健康发展，实现会展经济与生态环境的和谐共生。

【任务认领】

设计一份可持续、低碳的展台方案，强调材料的可重复使用和环保性。在展台设计中使用可再生材料，如竹材、再生塑料或可降解织物，确保美观的同时减少资源浪费。方案应考虑到展台在拆除后材料的回收和循环利用，同时设计出模块化结构，以便在未来展会中反复使用，降低对一次性材料的依赖。

要求：

1. 材料选择与清单：列出所需材料及其环保属性，如可回收、低排放、可降解等。

2. 模块化设计图：提供展台结构图，展示如何通过模块化设计实现多次使用，标注各模块的连接方式和功能。

3. 拆卸与回收方案：设计详细的拆卸流程，制订完善的废弃物管理措施，确保展后材料可回收或降解。

4. 绿色效益评估：估算该设计在资源节约和碳排放减少方面的效益，包含材料使用率、能耗降低等数据。

8.1 绿色设计理念在会展项目中的应用

8.1.1 绿色设计原则

绿色设计原则旨在通过可持续、资源高效利用、环境影响最小化和生态平衡维护等举措，推动设计向更加环保和可持续的方向发展。

（1）可持续性

可持续性是绿色设计的核心原则之一。它强调在满足当前需求的同时，不损害未来世代满足其需求的能力。在会展项目中，这意味着设计应考虑到展示空间的使用寿命和可维护性，确保展示空间在长期使用过程中能够保持其功能和美观。例如，采用模块化设计，使展台在多次使用后仍然能保持结构完整性和功能性，减少了对新材料的需求和对环境的压力。

（2）资源高效利用

资源高效利用是绿色设计的重要原则。该原则要求在设计和施工过程中，尽量减少对自然资源的使用，优先选择可再生、可循环利用的材料和设备。在会展项目中，可通过多种方式实现，如使用 LED 灯具、节能空调等节能设备，减少能源消耗；采用可再生材料，如竹制品、生物质材料等，减轻对环境的负担；通过合理规划空间布局，提高展示空间的利用率，减少材料的使用量。

（3）环境影响最小化

环境影响最小化是绿色设计的基本原则之一。该原则要求在设计和施工过程中，采取各种措施减少对环境的污染和破坏。在会展项目中，可通过多种方式实现，如使用环保材料和工艺，减少废弃物的产生；合理规划展台布局，减少展台搭建和拆除过程中对环境的破坏；采用绿色物流方式，减少对机动车的依赖，降低空气污染和碳排放。

（4）生态平衡维护

生态平衡维护原则强调在设计过程中应尊重自然规律，保护生态环境，维护生物多样性。在会展项目中，可通过多种方式实现，如设置生态展示区，展示自然环境和生物多样性的重要性；采用生态建筑材料，如绿色植物墙、生态屋顶等，增加展示空间的绿色元素，提高空气质量和水质等环境指标；通过宣传教育活动，提高参展商和观众的环保意识，促进人与自然的和谐共处。

8.1.2　绿色设计原则在会展项目中的应用及案例

从概念构想到实际实施的全过程，绿色设计原则都发挥着至关重要的指导作用。在概念构想阶段，设计师应根据绿色设计原则，制订环保、节能、可持续的展示方案。在实际实施过程中，应严格按照设计方案进行搭建和装饰，采用环保材料和工艺，减少废弃物的产生。同时，应加强对施工现场的管理，确保施工过程中的环保措施得到有效落实。在展示结束后，应对展台进行拆除和回收处理，实现资源的再利用和循环。

德国柏林国际绿色周（Green Week Berlin）：该展会是全球最大的农业与食品展会之一，长期以来以绿色环保著称。在展会施工中，所有的展台搭建材料均使用环保型建材，展会期间的能源全部由可再生能源供应。展会现场还设置了废弃物回收系统，确保垃圾得到科学处理。

美国拉斯维加斯消费电子展（CES）：作为全球知名的消费电子展，CES 展会在施工中充分运用了模块化设计，极大地减少了材料浪费。大部分展台都采用了可循环利用的环保材料，展会的电力需求也通过绿色能源来满足。通过这些措施，CES 每年能够减少数千吨废弃物的产生。

中国国际进口博览会（CIIE）：中国国际进口博览会一直积极践行绿色展会理念。展会施工过程中，主办方引入了大量可回收材料，同时通过智能化管理系统来调控展会的能源消耗。展台拆除后的废弃物处理也采用了环保方式，确保整个过程绿色、低碳。

8.1.3 绿色材料与技术的选用

在绿色展览的设计与施工中，环保材料的选用是基础。可再生、可降解和可循环利用的材料能显著降低资源消耗并减少环境污染。在展台和装饰布置中，可使用竹材、天然纤维等天然材料，或使用经过处理的再生塑料、纸板和铝材等再生材料。对于墙体和展示面的涂装，低挥发性有机物涂料、无毒黏合剂等环保产品成为更安全的替代选择，不仅减少了污染，还提升了室内空气质量。此外，模块化设计方案可使展台反复搭建和使用，延长材料使用寿命，减少了每次展览后材料的废弃处理量。

（1）使用可再生材料

可再生材料是绿色建材的重要组成部分，它们在生产和使用过程中对环境影响较小，且资源可循环利用。例如，竹材、木材等天然材料具有可再生、可降解的特点，且在生长过程中吸收二氧化碳，有助于减缓温室效应。此外，工业废弃物再生材料（如粉煤灰砖、矿渣水泥等）通过对工业废弃物进行再利用，减少废弃物堆积和对新资源的需求。高性能绿色建材（如低辐射玻璃、高性能混凝土等）则通过优化材料性能和使用寿命，提高建筑的节能性和耐久性。

（2）低碳材料

低碳材料的选择对于减少建筑过程中的碳排放至关重要。例如，在选购建材时，应留意其成分是否含有有害物质，以及生产过程中的碳排放情况。一些塑料建材中可能含有有害的氯化物，而一些涂料中可能含有挥发性有机物，这些物质会对室内空气质量和人体健康造成危害。因此，选择低碳、环保的建材，如生态砖、再生塑料等，是减少建筑对环境负荷的重要途径。

（3）能源效率高的设备

在施工技术方面，能源效率高的设备是提升建筑绿色水平的关键因素。采用节能技术（如太阳能、地源热泵等）可以实现能源的有效利用和节约。同时，利用物联网、大数据等技术，对建筑工程进行环境监测和智能化管理，可提高环境治理的效率和效果。

8.1.4 能源管理与节能措施

在展览过程中，有效的能源管理可显著减少能源消耗并实现减碳目标。LED 灯具因其高效节能和长寿命成为展会场馆的照明首选。同时，光感应和定时控制技术能够根据自然光变化自动调节亮度，确保能源使用的精确性。展馆内安装智能温控系统，通过温度监测和自动调节，有效降低了空调的能耗。自然通风设计则通过高窗和天井的结构，让空气流通更顺畅，在凉爽季节减少空调依赖。展会还可以引入太阳能和风能等可再生能源为部分设备供电，从而减少对传统电网的依赖。最终，通过能源监控系统追踪整体能耗，能及时发现并调整高能耗环节，提升能源利用效率。

8.1.5 废弃物管理与资源循环利用

展会废弃物管理是绿色展览的关键环节，通过合理分类与回收减少资源浪费。会场内可设立专门的回收站点，细分为纸张、塑料、金属和有机废物等类别，方便参展商和观众参与垃圾分类。展览结束后，材料可由当地回收企业统一处理，以便循环再利用。为实现资源的多次利用，展台设计时尽量使用可重复使用材料，如模块化结构和可降解包装。在餐饮区，提供有机废物处理点，将厨余垃圾通过堆肥等方法实现资源再利用，从而降低废物排放量。

8.2 绿色会展相关标准与政策

为推动会展行业的可持续发展，国际和国内已建立了一系列绿色展览的标准和政策，以规范展览项目在环保材料使用、能源管理、废弃物处理等方面的实践。这些标准和政策不仅为展览设计和实施提供了指导，还引导会展行业在低碳环保领域持续改进，为行业参与者指明了方向。

8.2.1 国际和国内绿色展览标准

（1）国际标准

1）可持续性活动管理体系（ISO 20121：2012）：由国际标准化组织（ISO）制定，是全球范围内活动管理领域重要的可持续发展标准。该标准提供了一套系统的管理框架，指导会展主办方、供应商和合作方在整个活动生命周期内实施可持续发展理念。ISO 20121 涵盖资源管理、废弃物处理、交通运输等方面，要求展览在策划、执行和评估中都要考虑环境和社会影响，确保资源的高效利用，减少废弃物产生。

2）国际会议中心协会（AIPC）绿色会议认证：AIPC 发布了一系列绿色会议准则，旨在帮助全球会议中心实现环保目标，减少会展过程中的资源消耗。这些准则包括绿色能源的使用、节能设备的应用、废弃物管理、绿色供应链选择等内容，是国际会议和展览中心的重要绿色指引。

3）联合国环境规划署（UNEP）绿色会议指南：联合国环境规划署的绿色会议指南提出了多项环境标准，涵盖材料选择、交通、能源管理等多个方面。指南要求展览活动减少碳排放和废弃物，使用可再生能源，倡导无纸化运营，保障环境和社会的双重效益。

（2）国内标准

1）《绿色展览发展报告》：由中国展览馆协会发布，系统梳理了绿色展览的实践标准和评估指标，覆盖了展览全流程的绿色标准，包括环保材料的选择、节能技术的应用、废弃物处理方法等。该报告为会展从业者提供了具体的绿色展览执行指导。

2）《大型活动可持续性评价指南》（GB/T 44160—2024）：2024 年由国家市场监督管理总局发布，适用于大型体育赛事、展览展销等活动。围绕绿色采购、碳中和、场地利用、资源循环等方面设立了 35 项评价指标，对展览活动从规划到执行的每个环节提出了可持续性要求。这一标准的发布为国内展览项目的绿色评价提供了科学的体系支持。

3）地方性绿色展览标准：北京市、上海市等地推出了绿色展览地方标准，规范地方展览项目的环保要求。北京市提出垃圾分类、场馆节能、智能化管理等方面的标准；上海市的展会规范则对展览设备使用、材料选择、废弃物循环利用提出具体执行要求，为不同地区的展览绿色发展提供了有力的政策支持。

（3）政策支持与行业规范

1）国家政策支持

《国务院关于加快建立健全绿色低碳循环发展经济体系的指导意见》（国发〔2021〕4号）：该文件明确提出要"推进会展业绿色发展，指导制定行业相关绿色标准，推动办展设施循环使用"。强调会展业的绿色转型，鼓励全行业在展览设施、交通、能源使用上节能减排，通过设立绿色会展标准推动产业规范化发展。

"双碳"政策：中国的碳达峰与碳中和战略对会展业提出了更高要求。"双碳"政策鼓励展览企业逐步减少碳排放，增加可再生能源使用比例，在展会中推进低碳出行、无纸化办公、废弃物循环利用等措施，使展览行业的碳排放符合国家环保目标。

2）行业规范与协会倡导

中国会展经济研究会绿色展览委员会：该委员会制定了多项绿色展览准则，强调展览材料的可循环利用、展览建筑的环保设计、会场的节能照明、废弃物处理的规范化等要求。通过行业协会的引导，各展会机构逐渐形成绿色运营的意识和标准。

中国展览馆协会的绿色倡议：中国展览馆协会近年来倡导并推广了多个环保展览项目，鼓励展览场馆和主办方在资源使用、能源管理和废弃物处理等方面采纳绿色方案。该协会还定期开展绿色展览培训和示范案例推广活动，鼓励业内人士学习先进的绿色管理理念。

随着国内外绿色标准与政策的逐步完善，会展行业的绿色转型正在逐步深入。无论是全球性的 ISO 标准，还是国家和地方性规范，绿色展览标准都为会展行业的发展奠定了基础。未来，随着新技术的发展和环保要求的提升，绿色展览的相关标准和政策也将不断迭代，以更高的标准推动会展行业的可持续发展。这些政策和标准不仅帮助行业减少环境影响，还提升了展会的品牌形象和社会价值，是行业实现可持续发展的重要保障。

8.3 绿色展览项目的设计美学

绿色展览项目的艺术设计以可持续理念为核心，通过美学与环保技术的结合，创造出兼具视觉吸引力和生态友好的展览环境。绿色展览不仅关注传统美学需求，更强调低碳、可再生和循环利用，利用艺术设计的感染力，将环保理念潜移默化地传递给观众，促使他们在观展体验中加深对环保的理解。

（1）可持续材料与艺术表达

绿色展览中的材料选择直接影响项目的环保性和美学表现力。选择具有独特质感的环保材料，如竹材、再生金属、天然纤维和植物基材料等，既能实现了资源节约，还能丰富艺术设计的表达手法，使展览在视觉上更具吸引力。

竹材与自然美学：竹材质地坚韧且纹理自然，具有独特的艺术表现力。它在绿色展览中常被用于展台结构和装饰设计，营造出自然、环保的空间氛围。竹材不仅可再生、耐用，还可生物降解，堪称展览项目可持续材料的典型代表。例如，在某展台设计中，可使用竹材作为展台的主要材料，以大型竹制屏风和雕塑装饰展区，竹材的天然纹理和色调使整个展览空间呈现出独特的东方美学，凸显自然和谐的设计理念。展会结束后，竹材被送往当地回收中心进行再利用或降解处理，有效减少了废弃物的产生。

竹材展台

再生金属与现代风格：再生金属因其耐用和可回收性，被广泛应用于绿色展览项目中，可被设计成现代感强烈的艺术装置和展台结构。经过打磨和抛光后的再生金属可以形成独特的光泽和质感，非常适合现代展览的风格需求。例如，展厅可使用再生钢材和铝材设计展台和展厅内的隔断结构，通过雕塑般的几何形状展现出未来都市的科技感和现代感，同时突出了金属的循环使用特性，使展览不仅具有前卫的艺术表现力，还展示了循环材料的实用性。

再生金属展台

天然纤维与温馨质感：天然纤维如麻、亚麻等可用于墙面装饰和展览织物设计，营造出温馨的空间氛围。这些天然材料质感细腻，且能够生物降解，是展览结束后环保处理的理想选择。例如，展台设计可使用亚麻布和麻布覆盖展区的背景墙，创造出柔和的视觉效果，符合生态主题的温馨氛围。天然纤维材料为观众带来了舒适的视觉体验，同时让人们意识到这些环保材料在生活中的多样化用途。

（2）空间布局与环境和谐美学

绿色展览的空间布局在艺术设计上注重通过开放性和通透性设计，为观众创造舒适的观展体验，同时减少能耗。开放式

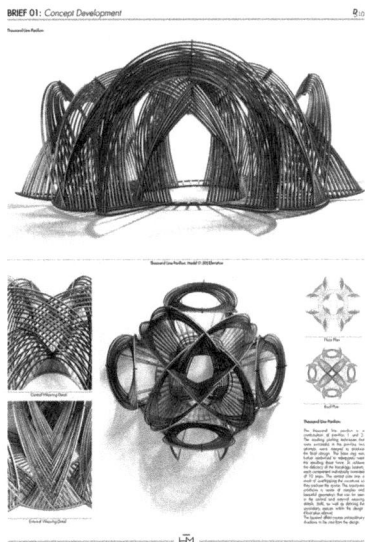

天然纤维展台

布局、自然光的运用和合理的分区，可以让展览空间既舒适环保，又美观实用。

有通透感的空间布局

开放式布局与自然通风：开放式布局让展区更为宽敞，同时促进空气流通，减少对空调系统的依赖。开放空间通过自然光源和自然通风的应用，不仅提升了观众的体验感，还有效降低了能源消耗。例如，某展会采用开放的展区设计，配合大面积的玻璃墙，最大限度地引入自然光，展区内还设置了多个开放式通风口，减少对人工照明和空调系统的需求，使观展环境明亮清新。通过艺术化的光影设计，该展会还营造出丰富的空间层次感。

开放式布局

分区设计与功能性美学：合理的分区设计不仅可以缓解人流拥堵，还能突出不同展区的主题特色，使每个功能区的空间布局简洁明确。例如，不同展区中设计多层次的绿色植物隔断，将展区自然地分隔开来。这些植物隔断不仅美观，还能改善空气质量，营造出一种"人与自然和谐共处"的艺术氛围。休息区则布置天然植物墙，让观众在观展的间隙能够放松休憩，切实体验到生态友好的空间设计。

（3）艺术与科技结合的智能节能系统

智能节能系统不仅是绿色展览中的环保措施，还可通过科技的美学表达提升观众的观展体验，使节能成为展览中"看得见"的艺术。

智能照明与光影艺术：智能照明系统可根据人流量和自然光线变化调节灯光亮度，既节能又能营造独特的艺术氛围。例如，某展会使用智能照明系统，根据观众的动向自动调节灯光强度，

自然隔断布局

展台和展区之间的光影不断变化，形成流动的视觉效果，增添了展览的科技感和艺术性。

智能照明与光影艺术

互动装置与节能温控：一些绿色展览引入互动温控技术，通过艺术化的温控系统让观众参与到环保体验中。例如，某展会在入口处设计了一面互动温控墙，观众可以通过触摸屏调节展区的温度，并实时查看节能数据，这一设计以互动形式向观众展示了智能温控技术在环保方面的应用，让观众亲身体验绿色科技的智能化。

（4）模块化设计与循环艺术装置

模块化和可重复使用的设计既是环保措施，也能创造出新颖的艺术效果。通过模块化结构设计，展台和展示装置能够在不同的展览中重新组合使用，带来无限的设计变化，并形成富有创意的循环艺术装置。

模块化展台设计：模块化展台由标准化部件组成，可在不同的展览中重新配置，产生新的设计样式。例如，展会可通过模块化展台将不同的展区灵活分隔，模块化设计在展会结束后可以拆解重新利用，极大地减少了材料浪费，同时构建了一个具有"积木"美感的展示空间。

循环装置与互动艺术：循环艺术装置通过重新组合材料和结构，创造出独特的艺术表达。例如，展会可展示由旧展台材料重新组合而成的"重生"艺术雕塑，废弃的木材和金属经过再加工，成为一组现代化的雕塑作品，展示资源的循环使用。观众可以触摸和互动，感受到废弃材料的艺术重生。

"重生"的艺术雕塑

8.4 绿色会展项目施工管理

绿色施工管理是绿色展览项目的基础，贯穿项目从设计到完成的每个环节。通过系统地管理施工流程、资源使用和废弃物处理，绿色施工管理能有效减轻展览的环境负担，提高施工效率，实现绿色环保目标。以下是绿色施工管理的主要内容以及具体说明。

8.4.1 绿色施工流程与方法

绿色施工流程旨在从整体上规范施工的各个环节，确保环保措施在施工全过程得到有效落实。绿色施工的核心流程包括绿色施工方案制定、材料与设备的环保采购，以及施工过程中的环保监控。通过科学管理，将环保理念融入展会建设。

（1）绿色施工方案制定

施工开始前，项目团队须制定一份详细的绿色施工方案，明确绿色施工的目标和具体指标，如减少材料浪费的比例、节能设备的使用率、废弃物分类与处理方式等。这份方案是后续绿色施工管理的指导依据。例如，2010 年上海世博会的施工方案规定，展台所用材料须为可回收材料，且要使用低能耗设备，以确保施工过程的绿色管理。

（2）材料与设备的绿色采购

绿色施工从材料和设备的采购环节便已开始。在选购施工材料时，应优先选择可循环利用、可降解的材料，并采购高效节能设备。如哥本哈根时尚展使用了无毒涂料和低挥发性黏合剂，在满足环保要求的同时，减少了有害气体排放，保障了施工人员的健康。

（3）环保监控机制

在施工过程中，环保监控小组负责监督施工材料的使用情况和废弃物的处理情况，并定期检查施工的环保措施是否执行到位。例如，2022 年东京国际展览中心引入了环保监控系统，实时跟踪施工材料的使用情况，并对废弃物分类处理情况进行现场审核，确保绿色施工措施有效实施。

8.4.2　绿色施工前的准备与培训

绿色施工前的准备工作至关重要，确保施工团队具备必要的环保意识和技能，是实现绿色施工的基础。

（1）环保理念培训

在施工准备阶段，对施工团队开展环保理念培训，使施工人员理解绿色施工的必要性及其对环境的积极影响。通过这项培训，团队成员可以了解环保法规和相关标准，从而在日常操作中有意识地进行节能、减排和材料节约。

（2）绿色施工技能培训

针对绿色施工中使用的特殊材料和技术，开展具体的技能培训，如节能照明设备的安装、智能温控系统的调试等。这种技能培训能够帮助施工人员掌握低碳施工所需的技术，确保绿色施工措施顺利执行。如哥本哈根时尚展在搭建前为所有施工人员提供了智能温控和节能灯具的安装培训，使施工过程高效环保。

（3）绿色施工方案演练

在正式施工前，团队可进行方案演练，模拟施工流程，测试环保措施的可行性和操作的流畅度。例如，东京国际展览中心在某环保主题展览的施工前安排了预演，检查了废弃物分类站的合理布置、节水设备的使用流程等，以确保正式施工顺利进行。

8.4.3 施工过程中的资源管理

资源管理在绿色施工中发挥着节约资源、减少浪费的关键作用，通过优化水资源、材料和设备的使用，实现资源的高效利用。

（1）水资源管理

施工中采用节水设备，并合理利用施工废水，如在设备清洗中回收利用水资源。上海世博会在场馆内设置了废水回收系统，施工中产生的废水被收集后用于灌溉和清洁设备，有效减少了自来水的使用。

（2）材料管理

合理存储和管理材料，避免因存放不当造成浪费。为此，许多展会设置专用的材料存储区，将施工材料分类存放，并对材料的使用情况进行记录。例如，2019 年阿姆斯特丹 RAI 展览中心要求所有施工团队在使用材料前签署登记单，并在施工后对未用完的材料进行整理和再分配。

（3）设备能耗管理

通过使用低能耗设备并定期维护，确保设备高效运转。例如，法兰克福书展施工团队优先使用电动吊装机和混合动力设备，在减少能耗的同时保持高效施工。所有设备在施工前进行能耗检查，以确保处于最佳状态，避免因设备故障导致高能耗。

8.4.4 低碳施工技术的应用

低碳施工技术的应用是实现绿色施工的重要手段，能够有效降低施工过程中的碳排放。

智能温控技术：施工现场安装智能温控系统，通过自动调节温度和通风，减少空调系统的能耗。例如，2018 年洛杉矶会议中心在大型展览施工时使用智能温控系统，通过实时监测温/湿度变化，自动调节场馆内的温度，降低空调的电力需求。

电动和混合动力设备：在运输和施工过程中，使用电动或混合动力设备，以减少化石燃料的消耗。例如，香港书展在搭建阶段采用了电动叉车和混合动力起重机，减少了车辆尾气排放。这些设备不仅环保，还能降低施工时的噪声污染。

预制构件技术：预制构件可以在施工现场快速搭建和拆卸，减少施工过程中的资源消耗和废弃物产生。例如，巴塞尔艺术展广泛使用预制构件来搭建展台，施工现场只需进行简单的拼装，极大地减少了废弃物产生量，并缩短了施工时间。

8.4.5 节能与资源节约措施

节能和资源节约措施能够有效降低施工过程中的能耗和材料消耗，提高施工的绿色化水平。

节能照明与智能温控系统：在展会场馆中使用 LED 等高效节能灯具，并通过智能调控技术自动调节亮度。例如，法兰克福书展采用智能照明系统，根据自然光照和人流密度变化自动调节照明强度，大幅降低了展览期间的电力消耗。

临时设施与场地管理优化：施工中搭建的临时设施选用低能耗材料，并尽量集中布局，减少设备和材料的无效运输距离，提高资源利用效率。同时，合理规划场地，避免施工区域的重复建设和资源浪费。

【知识小结】

绿色展会设计原则：可持续性、资源高效利用、环境影响最小化、生态平衡维护。

国际和国内绿色展览标准：包括国际标准：可持续性活动管理体系（ISO 20121：2012）、国际会议中心协会（AIPC）绿色会议认证、联合国环境规划署（UNEP）绿色会议指南等；国内标准：《绿色展览发展报告》、《大型活动可持续性评价指南》（GB/T 44160—2024）以及地方性绿色展览标准等。

绿色展览项目的设计美学：包括可持续材料与艺术表达、空间布局与环境和谐美学、艺术与科技结合的智能节能系统等三方面。

【案例】

哥本哈根国际时尚展（Copenhagen Fashion Summit）作为全球可持续时尚的先锋展会之一，在设计与施工过程中融入了多项环保策略，以推动展览活动的绿色转型。该展会注重从会场设计、展台搭建到施工流程的各个环节都融入可持续发展理念，旨在降低展会对环境的影响，同时向全球展示环保与时尚融合的魅力。

（1）模块化与可重复使用的展台设计

展台采用模块化结构，使用高质量的可重复使用材料，如轻质铝框架、可回收的木材和环保织物。这种设计使展台可多次重复使用，延长了材料的使用周期，还减少了每次展会结束后废弃物的产生。模块化展台设计方便拆卸和储存，进一步降低了运输和存储的碳足迹。

（2）节能施工与智能温控技术

展会在施工阶段使用智能温控和节能灯光系统减少能耗。会场内的照明系统由节能 LED 灯组成，并配备光感应调节装置，可根据环境光线自动调整亮度，以减少不必要的电力消耗。展会还引入智能温控技术，通过实时监控和自动调节空调系统的温度，在保证场内舒适性的前提下实现节能目标。此外，施工阶段的部分电力需求由现场安装的太阳能板提供，进一步减少了展会的碳足迹。

（3）环保材料与快速施工流程

施工时选择无毒、可生物降解的涂料和黏合剂，以减少有害气体的排放。墙体与地板的装饰采用天然纤维材料，确保装饰材料的可持续性。此外，优化施工流程，以快速完成装配和拆卸，缩短现场工作时间，降低对会场及周围环境的干扰。精简的施工流程减少了展会拆卸后的废弃物，提高了资源利用效率。

（4）展会区域的废物管理与资源循环利用

展会场地内设置了多个废物分类回收站，用于收集纸张、塑料和有机废物等不同类型的废弃物，并鼓励参展商参与分类回收。在施工过程中，鼓励施工团队将多余的材料（如木板和织物）进行回收处理，确保资源循环利用，减少施工废弃物。

（5）数字化会展支持与环保宣传

积极推行数字化方案，通过在线电子地图和展会应用程序减少纸质宣传材料的使用。所有参展商和观众均可使用电子票入场，并通过手机访问展会的相关信息，如日程安排、展区地图等。展会还在数字平台上普及绿色设计理念，向参展人员和公众传递可持续会展的价值，强化公众的环保意识。

资料来源：https://baijiahao.baidu.com/s？id=1823274941373513967&wfr=spider&for=pc（作者根据资料改编）。

案例分析：哥本哈根国际时尚展的绿色设计与施工体现了展览行业向可持续发展的重要转型趋势。未来，通过不断强化绿色技术应用、优化资源管理、推广环保材料等举措，绿色会展将继续推动行业的生态化发展，同时激励参展商和观众共同参与到全球可持续发展的进程中。

【任务测试】

1. 绿色设计原则有哪些？
2. 可以选用哪些绿色材料与技术？
3. 绿色会展相关标准与政策有哪些？
4. 绿色展览项目的设计美学是什么？
5. 绿色施工流程与方法是什么？
6. 施工过程中的资源管理包括哪些方面？

【任务拓展】

环保展会施工——打造绿色未来

环保展会施工是绿色展会的核心之一。展会不仅要展示绿色产品和技术，还要从根本上践行可持续发展理念。传统的展会施工耗费大量资源，造成诸多浪费和污染。而环保展会施工旨在通过合理规划、节能降耗、循环利用等方式，实现绿色环保目标。

环保展会施工不仅要减少施工中的资源浪费，更要通过设计和技术创新，让整个展会更具可持续性。例如，在材料选择上，可以采用可回收、可降解材料；在能源使用上，广泛应用新能源技术，如太阳能、风能等。展会结束后，展台的拆除与废料处理也必须做到科学化、无污染，减少对环境的影响。

环保展会施工的创新理念

绿色材料的应用：在环保展会施工中，绿色材料的应用是关键环节。传统展台搭建往往依赖大量一次性材料，增加了施工后的垃圾量。而环保展会更强调材料的可循环使用。例如，采用可回收的铝合金材料、可降解的塑料、环保木材等，不仅能降低成本，还能减轻环境负担。

模块化设计与搭建：环保展会施工中的模块化设计是近年来兴起的一种新理念。展台结构被设计成标准化的模块，可以重复使用。这种设计不仅能减少现场施工的复杂度、缩短施工时间，还可以有效减少材料浪费。在一场展会结束后，这些模块可以再次用于其他展会，体现了真正的环保理念。

能源管理与智能化控制：在环保展会中，能源管理同样至关重要。传统展会往往需要大量的照明和空调系统，消耗大量电能。如今，通过智能化控制系统，展会可以根据具体需求自动调节照明、温度，避免能源浪费。太阳能板、风能等可再生能源的引入，也为展会提供了绿色能源支持。

废弃物处理与资源循环利用：展会结束后的拆除过程，往往会产生大量建筑垃圾。如何处理这些废弃物，是环保展会施工需要面对的又一大挑战。如今，展会施工公司越来越多地采用循环利用的方式来减少垃圾。例如，将展台材料进行分类处理，有的材料可以回收再利用，有的则可以通过降解技术减少环境污染。通过这些措施，展会可以大幅降低对环境的负面影响。

环保展会施工面临的挑战

尽管环保展会施工的理念已经深入人心，但在实际操作中，仍然面临一些挑战和困难。环保材料的成本相对较高，尤其是在新兴市场国家，企业对环保材料的接受度还不够高。模块化设计和智能化系统的应用虽然能带来长远的效益，但初期投入较大，这让一些中小企业在展会施工中望而却步。

绿色施工的技术标准尚未完全统一，全球不同地区对于环保展会施工的要求各不相同。一些国家和地区在展会施工的环保法规和监管上相对滞后，导致环保施工的推行缺乏统一的标准和规范。这种局面下，展会施工公司很难确保在每个国家或地区都能完全符合当地的环保要求。

环保展会施工的未来发展方向

提高环保材料的研发与推广：随着环保技术的进步，未来将会有更多的新型环保材料问世。例如，生物降解材料和可再生复合材料的开发将进一步推动环保展会施工的发展。与此同时，降低环保材料的成本、提高市场接受度也是未来努力的方向。

推广绿色建筑认证体系：绿色建筑认证体系的推广对环保展会施工具有重要意义。未来，更多的展会场馆和展台搭建公司将参与到绿色建筑认证中，这不仅能提升展会的环保形象，也能推动行业整体向绿色方向发展。

智能化施工技术的普及：随着物联网、人工智能等技术的普及，环保展会施工将会更加智能化。例如，智能化管理系统可实时监测展会的能耗情况，自动调节能源使用效率；无人机、3D打印等技术的应用则能进一步提高展会施工的效率与精度，减少材料浪费。

全生命周期的环保设计：未来的环保展会施工不仅要关注搭建与拆除环节，还要涵盖整个展会生命周期的绿色设计。包括从施工前期的设计规划，到展会期间的资源管理，再到展会结束后的废弃物处理，全流程都需要注重环保。这种全生命周期的绿色设计将会成为未来环保展会施工的主流趋势。

任务：设计一个环保展会施工方案。要求使用绿色材料，如可回收的铝合金、环保木材等；采用模块化设计理念，确保展台结构可重复使用；融入智能化控制系统，实现能源的高效管理；并制订详细的废弃物处理计划，确保展会结束后的拆除过程环保无污染。请结合本章所学知识，完成方案设计、材料选择、能源规划及废弃物处理策略，并阐述设计思路及环保理念在方案中的体现。

【实训】

学生以小组为单位，根据给定条件（如场地、预算、主题等）策划一个绿色会展项目。

实训内容包括：

1. 制订项目计划，包括设计思路、施工流程及运营策略。

2. 学生根据策划方案，进行会展项目的施工设计。

3. 强调生态美学与功能性的结合，注重绿色建材的选择、自然光与通风的优化利用等。

4. 学生展示设计施工成果，包括项目模型、设计思路图纸、施工照片等，并通过小组成果展示，阐述设计思路、施工流程及运营策略，分享心得体会。

5. 评价反馈，教师及同学对展示成果进行评价，提出改进意见。学生根据评价反馈，完善设计施工方案。

参考文献

[1]　ISO. ISO 20121：2012. 活动可持续管理系统——使用要求及指南[S]. 2012.

[2]　中国展览馆协会. 中国绿色展览发展报告（2024）[R].

[3]　国家市场监督管理总局，国家标准化管理委员会. GB/T 44160—2024 大型活动可持续性评价指南[S]. 北京：中国标准出版社，2024.

[4]　张柏林. 数字经济背景下会展业转型升级探析[J]. 商展经济，2023（3）：1-3.

[5]　马佩佩，陈林静，李坤治. 国内会展业发展新趋势的研究综述[J]. 中国市场，2023（8）：52-54.

[6]　郭海霞，李秋燕. 会展业高质量发展研究[J]. 经济师，2023（4）：43-44.

[7]　潘奥杰. 数字经济背景下会展产业信息化转型升级研究[J]. 全国流通经济，2023（5）：129-132.

[8]　张迪. 以数字化推动绿色会展数字技术在西安绿色会展发展中的应用实例研究[J]. 中国会展，2022（19）：62-65.

[9]　刘英俊. 我国绿色会展现状及对策分析[J]. 大众投资指南，2016（11）：66-67.

[10]　谭言微. 绿色会展发展现状与对策研究[J]. 南方农机，2018（1）：73-76.

[11]　林云. 绿色展览之都离我们有多远？[N]. 新闻锐读，2017-05-15（23）.

[12]　宋志荣. 浙江省会展产业直面机遇与挑战[N/OL]. 中国经济网，2017-02-28. http://www.cnena.com/news/bencandy-htm-fid-3-id-75623.html.

[13]　甘卫华. 服务供应链的理论与实践[M]. 北京：冶金工业出版社，2010.

[14]　黄漫宇. 绿色服务业[M]. 北京：中国环境出版社，2017.

[15]　李霞. 中国绿色经济发展路径研究[J]. 中国物价，2016（4）：13-15.

项目9 绿色会展项目策划效果评价

【学习目标】

1. 理解绿色会展项目策划效果评价的重要性
2. 掌握评价绿色会展成功与否的关键指标和评估方法
3. 掌握多维度评价体系
4. 熟练运用分析方法与评估工具和技巧
5. 能够基于评价结果改进措施

【学习引导】

《大型活动可持续性评价指南》国家标准正式发布实施

为传承和利用好北京冬奥赛后遗产成果，推动实现冬奥遗产利用效益最大化，2024年6月29日，国家市场监督管理总局（国家标准委）批准发布《大型活动可持续性评价指南》（GB/T 44160—2024）国家标准。

该项国家标准由北京市冬奥组委牵头编制，是北京市运用地方标准，引领科学规划、创造、管理和运用北京冬奥会筹办成果，进而推动城市可持续发展的经验总结和升华。其主要适用于对大型体育赛事、展览展销、庆典和演出、峰会论坛和群体性活动等大型活动的可持续性评价。

本标准着眼于绿色发展，对接联合国可持续发展目标（SDGs），围绕可持续性采购、碳中和、场地利用、生态修复和恢复等方面，设置了七大类35项评价指标，重点关注大型活动的绿色低碳水平、对生态环境的保护、资源的合理利用以及社会责任承担。标准提供了科学的评价方法，将大型活动的可持续性分为强、中、弱三个等级，提出了指标分值计算、评价等级设定等方法，评价过程涵盖大型活动的申办、筹备和举办全过程。此外，标准重点突出系统性和前瞻性，提供了评价报告的参考模板和满意度调查问卷，便于组织者进行自我评价和持续改进。

《大型活动可持续性评价指南》国家标准的发布实施，是落实联合国可持续发展目标的积极举措，有利于引导和促进我国城市和地区在组织大型活动时实现经济、社会和环境的协调发展，对大型展会节事活动遗产利用最大化以及推动实现城市可持续发展具有重要指导意义。

资料来源：https://www.gov.cn/lianbo/bumen/202407/content_6962221.htm。

思考：北京冬奥赛后遗产利用与《大型活动可持续性评价指南》的发布，体现了国家对绿色会展项目策划效果的高度关注。这一标准不仅是对冬奥会绿色实践的总结，更为未来绿色会展策划与评价提供了启示。它强调从申办到举办全过程的可持续性考量，包括绿色低碳、生态保护、资源利用和社会责任等多个方面，为绿色会展项目策划提供了科学依据和评价标准。因此，如何在展会策划中融入更多绿色元素，提升展会的环境效益和社会效益，实现可持续发展目标，是值得我们深入思考的问题。

【任务拓展】

标准化建设是推动行业规范发展，提升行业服务水平的重要手段，建立健全我国会展业绿色发展标准体系是推动会展业高质量发展的有效途径与有力保障。为培养学生的环保意识和会展实践能力，要求学生了解绿色会展相关行业标准，为今后展会策划开展绿色会展实践提供标准指导。

任务要求：

了解相关绿色会展行业标准：

1）研读相关文献资料，掌握绿色会展评估的基本理论。

2）分析国内外绿色会展评估体系的成功案例，提炼可借鉴的经验和做法。

评估体系设计：

以小组为单位，选择或设计一个具体的会展项目作为评估对象。根据会展业发展趋势，及我国"双碳"工作目标要求，为其提出绿色会展执行策略。

9.1　绿色会展项目策划效果评价概述

9.1.1　基本概念界定

绿色会展项目策划效果评价是一个综合性的评估过程，旨在衡量会展项目在策划、组织及实施过程中对环境保护、社会公平以及经济可持续发展的贡献与影响。其内涵与外延可以从以下几个方面明确。

（1）环境保护方面

减少环境负面影响：评估会展项目在策划和执行过程中，是否采取有效措施减少能源消耗、水资源使用、废物产生和碳排放等，以降低对环境的负面影响，如使用节能灯具、优化场地布局以减少照明和空调需求；考察水资源使用情况，包括是否采用节水设备、雨水收集系统和废水回收利用措施。评估会展实施垃圾分类、废弃物减量化和碳足迹跟踪计划的程度。

采用环保材料与技术：考察会展设计、搭建及运营中是否优先使用可再生、可回收和低污染的材料，以及节能技术和清洁能源，如竹材、再生塑料和生物降解材料；评估是否采用了节能技术和清洁能源，如太阳能光伏板、风能发电和地热能利用；检查会展是否鼓励参展商使用环保材料和展示方式，以减轻整体环境负担。

资源循环利用：关注会展废弃物的处理方式，是否实现了资源的有效回收和再利用，减少资源浪费，如展品回收、展台拆卸材料的再利用；评估会展是否设立了废弃物分类回收站，鼓励参展商和观众参与垃圾分类；分析会展是否采取了措施减少一次性用品的使用，推广可循环或可降解的替代品。

（2）社会公平与参与方面

社区参与与互动：评估会展是否鼓励当地社区的参与，促进文化交流、知识共享和社会互动，增强社会联系，包括评估会展是否积极与当地社区合作，举办文化交流活动、知识讲座和社会互动项目，增强会展与当地社会的联系；考察会展是否鼓励社区居民参与会展策划、执行和后续评估，确保他们的声音和需求被充分考虑；分析会展是否通过提供就业机会、培训和教育项目等方式，促进社区的经济和社会发展。

员工与志愿者权益：考察会展组织过程中，是否保障员工和志愿者的权益，增强他们的环保意识和社会责任感，包括考察会展组织过程中，是否为员工和志愿者提供了公平的工作条件和合理的薪酬，确保他们的劳动权益得到保障；评估是否为员工和志愿者提供了环保和社会责任方面的培训，增强他们的环保意识和社会责任感；检查会展是否建立了有效的沟通机制，鼓励员工和志愿者提出意见和建议，共同参与会展的绿色策划和执行。

文化保护：包括关注会展活动是否充分尊重并保护当地文化和传统，避免文化冲击和破坏，确保会展的文化包容性和多样性；评估会展是否积极与当地文化机构合作，共同策划和举办具有地方特色的文化活动，传承和弘扬当地文化；分析会展是否对参展商和观众进行了文化教育，提高他们对不同文化的认识和尊重。

（3）经济发展方面

经济效益：评估会展项目对地方经济的拉动作用，包括吸引参会人员、游客和投资，创造就业机会，增加当地商业收入，并促进了相关产业的发展；考察会展是否对当地基础设施建设、旅游推广和城市形象提升等方面产生了积极影响。

成本效益：考察会展采用绿色策略后的成本节约效果，如通过资源循环利用降低搭建成本、减少废物处理费用等；评估绿色策略是否带来了长期的运营成本降低，如节能设备的使用减少能源消耗费用等；分析绿色会展是否提高了参展商和观众的满意度，从而增加了未来的参展意愿和收入潜力。

投资回报：分析会展项目的长期投资回报，包括品牌形象提升、客户忠诚度增加等间接经济效益。评估绿色会展是否增强了参展商对环保和社会责任的认同感，从而提升了他们的品牌价值和市场竞争力；考察会展是否通过绿色策划和执行吸引了更多的合作伙伴和投资者，为未来的会展项目提供了更多的资金和资源支持。

综合以上内涵的理解，本书将绿色会展项目策划效果评价定义为"对会展项目在策划、组织及实施过程中，围绕环境保护、社会公平与经济可持续发展三大核心目标所采取的措施及其成效进行全面、系统的评估过程"。该评价不仅考量会展项目在减少能源消耗、废物产生、碳排放等方面的环境绩效，还关注其对社区参与、文化保护、员工权益等社会层面的积极影响，以及经济效益、成本节约和投资回报等经济维度的表现。通过构建科学的评价指标体系，采用定性与定量相结合的方法，绿色会展项目策划效果评价旨在推动会展业向更加绿色、可持续的方向发展。

9.1.2　效果评价在绿色会展项目管理中的地位与作用

效果评价在绿色会展项目管理中占据着至关重要的地位，并发挥着多方面的积极作用。它是项目管理的核心评估环节，直接关系绿色会展项目目标的实现程度，通过对会展项目在环境、社会和经济等方面的实际表现进行量化评估，为项目管理的科学性和有效性提供了重要依据。同时，效果评价也是项目管理者的决策支持工具，帮助他们了解项目的实际运行状况，及时调整策略，优化资源配置，以确保项目目标的实现。此外，效果评价在推动绿色会展行业的标准化和规范化发展方面发挥着重要作用。通过对多个绿色会展项目的效果评估数据积累，可以总结出行业最佳实践，为制定和完善绿色会展标准提供有力支持，进而促进整个行业的绿色化发展。效果评价还有助于促进绿色会展项目的可持续发展。通过评估会展项目在节能降耗、资源循环利用、环境保护等方面的表现，可以督促项目团队采取更加环保、低碳的措施，减少对环境的不良影响，确保项目真正实现可持续发展目标。

在提升绿色会展项目管理水平方面，效果评价同样发挥着重要作用。通过对项目全过程的评估，可以发现项目管理中的薄弱环节，为管理者提供明确的改进方向。同时，评估结果也可以作为项目团队绩效考核的重要依据，激励团队成员更加积极地投入绿色会展项目中，不断提升项目管理水平。效果评价还能增强绿色会展项目的市场竞争力，在竞争日益激烈的会展市场中，绿色会展项目凭借其在环保、低碳等方面的优势更容易获得参展商和观众的青睐。效果评价能够客观展示绿色会展项目的优势，提升项目的市场影响力和竞争力，为项目带来更多的商业机会和发展空间。最后，效果评价为绿色会展项目提供了宝贵的反馈与改进机制。通过评估结果，项目团队可以及时了解项目的优点和不足，针对不足之处制定有效的改进措施，不断优化项目方案和管理流程。这种持续的反馈与改进机制有助于提升项目的整体效果，确保绿色会展项目能够不断适应市场变化和行业发展需求。

综上所述，效果评价在绿色会展项目管理中发挥着不可替代的地位和作用。它不仅有助于确保项目目标的实现和提升项目管理水平，还能增强市场竞争力并推动整个会展行业的绿色化发展。因此，在绿色会展项目管理中应高度重视效果评价工作，确保其科学、客观、公正地进行。

9.1.3 效果评价必要性分析

对绿色会展项目策划效果进行评价，从项目管理、资源优化、持续改进等多个角度来看，都显得尤为必要。

（1）从项目管理角度看必要性

在项目管理中，效果评价是一个不可或缺的环节。它能够对绿色会展项目的整体执行情况进行全面检查和评估，帮助项目管理者了解项目的实际运行状况。通过效果评价，管理者可以及时发现项目执行过程中的问题，对项目管理策略进行适时调整，以确保项目按照预定目标和计划顺利推进。因此，开展效果评价对提高绿色会展项目的管理水平、确保项目成功意义重大。

（2）从资源优化角度看必要性

绿色会展项目注重环保和可持续性，而效果评价正是实现这一目标的重要手段。通过评估会展项目在资源利用方面的表现，如能源消耗、水资源使用、废物产生等，效果评价能够揭示项目在资源使用上的不足和浪费。这有助于项目团队更加精确地掌握资源使用情况，从而制定出更加合理的资源优化方案。通过持续改进和优化资源配置，绿色会展项目能够实现更高的环保效益和经济效益。

（3）从持续改进角度看必要性

持续改进是绿色会展项目不断追求的目标，而效果评价则是推动持续改进的重要动力。对项目策划、组织及实施过程中的各个环节进行效果评价，可以发现存在的问题和不足，为项目团队指明明确的改进方向。这种持续的反馈机制有助于项目团队不断优化项目方案和管理流程，提高项目的整体效果和竞争力。因此，开展效果评价对推动绿色会展项目的持续改进和发展至关重要。

（4）从推动会展业绿色发展看必要性

绿色会展项目策划效果评价不仅对单个项目意义重大，对推动整个会展业的绿色发展也影响深远。通过制定和推广绿色会展标准，并依据这些标准进行效果评价，可以引导更多会展项目向绿色、低碳方向发展。这将有助于提升整个会展行业的环保意识和可持续发展能力，推动会展业迈向更加绿色、环保的未来。同时，绿色会展项目的成功实践和经验，也可通过效果评价进行总结和推广，为其他会展项目提供借鉴和参考，进一步推动会展业的绿色发展进程。

9.1.4 效果评价体系构建原则

构建绿色会展项目策划效果评价体系是一项复杂且重要的任务，需要遵循一系列明确的原则，以确保评价体系的科学性和有效性。

（1）科学性原则

科学性是评价体系构建的基础。在构建绿色会展项目策划效果评价体系时，必须依据科学的方法和理论，确保评价指标的选取、评价标准的制定以及评价方法的运用都具备科学依据。同时，评价过程应遵循客观、公正、准确的原则，避免主观臆断和偏见对评价结果产生影响。

（2）系统性原则

绿色会展项目策划效果评价涉及多个方面和多个层次，因此评价体系的构建应具有系统性。这意味着评价体系应全面覆盖绿色会展项目的各个方面，包括环境、社会、经济等领域，确保评价的全面性和综合性。同时，评价体系内的各项指标和标准应相互协调、相互补充，共同形成一个有机整体。

（3）可操作性原则

评价体系构建的最终目的是为实际应用提供指导，因此可操作性是评价体系构建的重要原则之一。这要求评价体系简洁明了，易于理解和操作。评价指标应具体、明确，评价标准应量化、可衡量，评价方法应简便易行。同时，评价体系还应考虑数据的可获得性和可处理性，确保在实际应用中能够顺利实施。

（4）动态性原则

绿色会展项目策划效果评价是一个动态发展的过程，因此评价体系构建应具有动态性。也就是说，评价体系应能够适应绿色会展项目的发展变化和外部环境的改变，及时调整和更新评价指标和标准。同时，评价体系还应具有一定的前瞻性，能够预测和反映绿色会展项目未来的发展趋势和变化走向。

（5）可持续性原则

绿色会展项目注重环保和可持续性，因此评价体系构建也应遵循可持续性原则。这意味着评价体系应关注绿色会展项目的长期效益和可持续发展能力，鼓励项目团队采取环保、低碳的措施，推动绿色会展项目的持续发展。同时，评价体系还应考虑项目的社会责任感和利益相关者的需求，确保项目的可持续发展与社会、环境实现和谐共生。

9.2　绿色会展项目策划效果评价方法

9.2.1　绿色会展项目评价指标

绿色会展项目作为行业推动可持续发展和环保理念的重要平台，其成功与否需要通过一系列关键指标进行全面、客观的评价。这些指标不仅涵盖会展的环境影响，还涉及社会责任、公众参与度等多个方面。

（1）能源消耗与碳排放

能源消耗量：评估会展期间电力、燃气、水等资源的总消耗量，这是衡量会展能源需求和环境负荷的基础。通过对比不同届次的会展，可以观察能源消耗的趋势，并识别节能潜力。

能源使用效率：在评估能源消耗量的基础上，进一步分析会展项目能源使用的合理性。例如，通过比较单位面积或单位时间的能源消耗，可评估会展在能源管理方面的效率。

可再生能源利用率：衡量会展中太阳能、风能等可再生能源的占比，这是评价会展项目在推动清洁能源使用方面努力程度的重要指标。高比例的可再生能源利用表明会展在减少化石燃料依赖和降低碳排放方面作出了积极贡献。

碳排放量：直接计算会展项目产生的二氧化碳等温室气体排放量，或通过购买碳信用额度等方式实现碳中和。这一指标有助于评估会展对全球气候变化的影响，并推动会展采取减排措施。

（2）物质资源利用

物质资源消耗量：统计会展期间展示用品、宣传资料、餐饮用品等一次性消耗品的总量。这有助于识别会展中的浪费环节，并推动采取减少浪费的措施。

物质资源使用效率：评估会展项目物质资源的使用效率，如通过共享、租赁等方式减少浪费。高效率的资源利用不仅有助于降低成本，还能减少对环境的影响。

回收率：计算会展结束后可回收物质的回收比例，包括展具、包装材料等。高回收率表明会展在资源循环利用方面作出了积极努力，有助于减少垃圾产生和环境污染。

（3）环保技术应用

环保技术应用比例：统计会展项目中采用节能减排技术、清洁能源技术、环保材料使用等环保技术的比例。这一指标有助于评估会展在推动绿色技术创新和应用方面的努力程度。

环保技术效果评估：通过监测会展期间的能耗、排放等数据，评估环保技术的应用效果。例如，对比采用和不采用环保技术的会展区域，可以量化环保技术对减少能耗和排放的贡献。

（4）社会责任与公众参与度

社会责任履行比例：评估会展项目在促进可持续发展、关注公共利益等方面所采取的措施和成效。例如，会展是否关注环保教育、公益慈善等方面，以及这些活动对社会的积极影响。

社会责任效果评估：通过问卷调查、公众反馈等方式，收集参展商、观众等对会展社会责任表现的评价。这有助于了解会展在社会公众中的形象和影响力，以及改进社会责任履行的方向。

公众参与度：统计参与会展项目的公众人数、活动参与率等数据。高公众参与度表明会展在提升公众环保意识、推动绿色消费等方面发挥了积极作用。同时，公众参与度也是衡量会展社会影响力和吸引力的重要指标。

（5）绿色标准与认证

绿色标准遵循情况：评估会展项目是否遵循了行业绿色标准等相关国家或行业标准，以及标准的执行情况。相关行业绿色标准包括《绿色展台评价标准》（GB/T 41129—2021）、《绿色博览建筑评价标准》（GB/T 51148—2016）、《环保展台设计制作指南》（SB/T 11231—2021）、《环保展台评定标准》（SB/T 11217—2018）等。遵循绿色标准表明会展在绿色环保和可持续发展方面达到了行业认可的水平，有助于提升会展项目的专业性和可信度。

绿色认证与奖项：会展项目是否获得绿色认证或相关环保奖项。绿色会展相关奖项涵盖了多个领域，包括环保成就奖、绿色创新产品奖、绿色卓越奖等，这些奖项旨在表彰在环保和可持续发展方面作出杰出贡献的组织和个人，有助于提升会展的品牌形象和市场竞争力。例如，2023 绿色亚太环保成就奖，是由联合国环境规划基金会、中国环境保护协会等联合主办，望城经开区获得"杰出可持续发展工业园区"奖项，体现了其在环保和可持续发展方面的努力和成就；国际绿色零碳节"杰出绿色创新产品奖"，企业因设计的绿色概念产品而获得该奖项，不仅体现产品创新，还彰显了推动绿色发展的决心，展现了创新力和影响力；太湖绿色卓越奖，是由国际绿色经济协会承担的首届"太湖绿色卓越奖"，旨在表彰在绿色经济和可持续发展方面作出贡献的企业和个人，体现了对绿色发展和创新的认可；绿色和可持续贡献大奖，体现了在社会责任及城市建设领域的"绿色"表现，以及对 ESG 实践的贡献；IFF 全球绿色金融奖，由国际金融论坛发起设立，面向全球征集在推进经济模式绿色转型等方面发挥显著作用的机构及创新性解决方案，是通过金融手段积极推进全球绿色发展的重要奖项。

综上所述，评价绿色会展成功与否的关键指标涵盖了能源消耗、物质资源利用、环保技术应用、社会责任与公众参与度以及绿色标准与认证等多个方面。这些指标共同构成了绿色会展评价体系的核心内容，有助于全面、客观地评估会展的绿色发展水平，并推动会展不断向更加环保、可持续的方向发展。因此，在评价绿色会展项目策划效果时，应多关注并查阅行业相关的绿色标准制定，熟悉其内容，并以行业绿色标准指标为依据进行具体评价。在评估绿色会展项目的策划效果时，应当加强对会展各绿色标准文件的关注与研究，深入理解其内容与要求，并以其为评估依据，进行具体而系统的评价。

9.2.2 定性评价方法

在绿色会展项目策划效果评价中，定性评价方法扮演着至关重要的角色。这些方法主要依赖主观判断和经验知识，为项目策划的改进和优化提供深入见解。以下是对几种常见定性评价方法的详细阐述。

（1）专家评审

专家评审是高度依赖领域专家经验和专业知识的评价方法。在绿色会展项目策划效果评价中尤为适用。可邀请环保专家、会展业专家、可持续发展领域的学者等组成评审小组，凭借其深厚的专业知识和丰富的实践经验，对会展项目的环保理念、实施策略、预期影响等进行全面、深入的综合评估。专家评审一般通过面对面的讨论或书面评审形式进行。在项目策划的初期、中期和末期，评审团会定期或不定期地召开会议，对项目策划的合理性、创新性和可行性进行深入探讨，并提出宝贵的意见和建议，这些意见和建议对项目策划的改进和优化具有重要指导意义。以某绿色会展项目为例，专家评审团在对该项目的策划效果进行评价时，发现项目在废物处理和资源循环利用方面存在不足。基于专家的建议，项目团队对废物分类、回收和再利用方案进行了调整，有效提高了资源的循环利用率，降低了环境污染。

（2）问卷调查

问卷调查是通过设计一系列问题，向特定群体收集意见和反馈的方法，在绿色会展项目策划效果评价中也具有广泛的应用价值。可以设计包含环保措施满意度、绿色理念认知度、会展参与度等方面的问卷，向参展商、观众、主办方等相关方发放。

通过统计分析问卷结果，可以客观地了解各方对会展绿色策划的接受程度和实际效果。问卷调查具有样本量大、数据客观的优势，能够较为全面地反映项目策划的社会接受度。同时还可以帮助项目团队发现潜在问题和改进点，为项目的持续改进提供有力支持。如在某环保科技会展结束后，主办方设计了一份包含20个问题的问卷，向参展商和观众发放，内容涵盖会展的环保措施、绿色理念的传达、观众的参与度等方面。通过对回收问卷的统计分析，主办方发现大部分参展商和观众对会展的环保措施表示满意，但对绿色理念的传达方式提出了一些改进建议。主办方据此在下一届会展中增加了更多关于环保科技的互动环节和讲解，以提升观众的满意度和参与度。

（3）深度访谈

深度访谈是通过与受访者进行深入交流，获取其观点、态度和经验等主观信息的方法。在绿色会展项目策划效果评价中，深度访谈可用于了解参展商、观众、主办方等对项目策划的深入看法和感受。

访谈过程中，访谈者可根据受访者的回答灵活提问、深入追问，从而获取更丰富、更深入的信息。通过深度访谈，项目团队可以更深入地了解各方对会展绿色策划的认知、态度和行为等方面的信息，为项目的改进和优化提供更有针对性的建议。如在某生态农业会展结束后，主办方邀请参展商和观众代表各五位进行深度访谈，内容涵盖会展的组织、绿色理念的传达、参展效果等方面。通过深入交流，主办方了解到参展商普遍认为会展组织有序，但希望增加更多关于生态农业技术的讲座和交流环节；观众则希望会展能提供更多关于生态农业产品的试吃和体验活动。主办方根据这些反馈，在下一届会展中增加了相关环节，提升了观众的参展满意度和参与度。

（4）案例研究

案例研究是对特定案例进行深入分析，以获取普遍性结论或规律的方法。在绿色会展项目策划效果评价中，可选择具有代表性和典型性的绿色会展项目作为案例进行研究。

通过对案例的深入分析，可以了解项目策划的背景、目标、实施过程、效果等方面的信息，并总结其中的成功经验和教训。案例研究可以为其他绿色会展项目提供有益的参考和借鉴，推动绿色会展项目的持续改进和创新发展。如在某国际绿色能源会展项目中，主办方选择了一个成功的绿色能源会展作为案例进行研究。通过对该会展的策划、组织、实施和效果等方面进行深入分析，主办方总结出了提前与参展商沟通、制定了详细的绿色指南、提供了充足的绿色交通等多项成功经验。主办方将这些经验应用到自己的会展项目中，结果会展取得了圆满成功，受到了参展商和观众的一致好评。

（5）焦点小组讨论

焦点小组讨论是将具有相似背景或观点的受访者组成小组，进行集体讨论以获取共识和观点的方法。在绿色会展项目策划效果评价中，可邀请参展商、观众、主办方等代表组成焦点小组进行讨论。

通过集体讨论的形式，可以激发受访者的思维碰撞和观点交流，从而获取更广泛、更深入的共识和观点。焦点小组讨论能帮助项目团队了解各方对会展绿色策划的认知和期望，为项目的改进和优化提供更有针对性的方向和建议。如在某城市绿色生活会展结束后，主办方邀请参展商和观众代表各十位组成焦点小组进行讨论，内容涵盖会展的绿色理念传达、参展效果、观众参与度等方面。通过集体讨论，焦点小组提出了多项改进建议，如增加更多关于绿色生活的互动体验、提高会展的环保标准等。主办方根据这些建议进行了调整，并在下一届会展中实施了改进措施，提高了会展的观众参与度和影响力。

9.2.3　定量评价方法

在绿色会展项目策划效果评价中，定量评价方法发挥着举足轻重的作用。这些方法主要依托量化数据和数学模型的运用，旨在为项目策划的改进和优化提供精确且客观的评估结果。以下对几种常见的定量评价方法进行详细论述。

（1）数据分析

数据分析是运用统计学方法对收集到的量化数据进行处理和分析，以揭示数据背后的规律和趋势。在绿色会展项目策划效果评价中，数据分析的应用尤为广泛。具体来说，可通过分析以下指标来量化评估会展项目的绿色效益。

环境指标：包括能源消耗、水资源使用、废物产生和碳排放等。这些指标能够直接反映会展项目在环保方面的表现，如能源消耗的减少、水资源使用的节约、废物产生的控制和碳排放的降低等。

经济指标：如经济效益、就业创造等。这些指标能够反映会展项目对经济社会的贡献，如带来的直接和间接经济效益、创造的就业机会等。

在数据分析过程中，可运用描述性统计、相关性分析、回归分析等统计学方法，对收集到的数据进行深入处理和分析。描述性统计能够概括和描述数据的基本特征；相关性分析能够揭示不同指标之间的关联程度；回归分析则能够探究指标之间的因果关系。通过这些方法的运用，可得到精确、客观的评估结果，为会展项目的改进和优化提供有力支持。

（2）模型构建

模型构建是通过建立数学模型来模拟会展项目策划效果的过程。在绿色会展项目策划中，模型构建同样重要。具体来说，可构建以下模型来评估会展项目的策划效果：

基于生命周期评估（LCA）的模型：该模型能够从生产、运输、活动本身到废物处理等全生命周期角度，评估会展项目对环境和社会的影响。通过考虑会展项目在整个生命周期内的资源消耗、环境影响和社会效益等因素，可得到更为全面、准确的评估结果。

投入产出模型：该模型能够量化分析会展项目的经济效益和社会效益。通过考虑会展项目的投入（如资金、人力、物力等）和产出（如经济效益、社会效益等），可得到会展项目的投入产出比和效益评估结果。

系统动力学模型：该模型能够模拟会展项目策划效果的动态变化过程。通过考虑会展项目策划过程中的各种因素（如政策、市场、技术等）及其相互作用关系，可以得到会展项目策划效果的动态变化趋势和预测结果。

在模型构建过程中，需要深入思考如何构建绿色会展项目策划效果评价指标体系。这包括指标的选取、权重分配等关键步骤。具体来说，应选取能够全面反映会展项目绿色效益的指标，并根据指标的重要性和关联性进行权重分配。通过合理的指标体系构建和权重分配，可以得到更为准确、客观的评估结果，为会展项目的改进和优化提供有力支持。

9.2.4 定性与定量相结合的评价方法

在绿色会展项目策划效果评价中，单纯依赖定性或定量评价方法往往难以全面、准确地反映项目的实际效果。因此，探讨如何将定性评价与定量评价相结合，成为提升评价准确性和全面性的关键。

定性评价方法能够深入剖析项目策划的内在逻辑、创新点和潜在影响，通过专家评审、问卷调查、深度访谈等方式，获取丰富的主观信息和反馈。然而，定性评价往往缺乏客观数据的支持，容易受到主观偏见和认知局限的影响。

相较之下，定量评价方法主要依赖量化数据和数学模型，通过数据分析、模型构建等手段，提供精确、客观的评估结果。定量评价能够揭示项目策划的量化效果，如能源消耗、水资源使用、经济效益等，但往往难以全面反映项目的社会、环境等多维度影响。

因此，将定性评价与定量评价相结合，能够综合发挥两者的优势，形成更为全面、准确的评价。具体来说，可以通过以下方式实现定性与定量的结合。

（1）数据融合

将定性评价中收集的主观信息与定量评价中的客观数据进行融合，形成更为全面的评价数据集。例如，将问卷调查中的满意度数据与能源消耗数据相结合，分析满意度与能源消耗之间的关系。

（2）互补验证

利用定性评价的结果对定量评价进行补充和验证。例如，通过专家评审对数据分析结果进行解读和验证，确保评价结果的准确性和可靠性。

（3）综合评估

在评价过程中，同时运用定性与定量方法，对项目策划的多个维度进行综合评估。例如，对项目的环保理念、经济效益、社会效益等方面，同时进行定性与定量评价，形成综合评估报告。

9.2.5 评价指标体系的构建

构建绿色会展项目策划效果评价指标体系是开展评价工作的基础和关键环节。一套科学、合理的指标体系能够全面反映项目策划的绿色效益、经济效益和社会效益，为决策提供有力支持。

在构建指标体系时，需要遵循以下原则：

科学性：指标体系应基于科学的理论和方法，确保评价结果的准确性和可靠性。

全面性：指标体系应涵盖项目策划的多个维度，包括环保、经济、社会等方面，确保评价的全面性。

可操作性：指标体系应便于数据的收集和处理，确保评价的可行性。

具体来说，构建指标体系包括以下步骤：

指标选取：构建绿色会展项目策划效果评价指标体系时，应全面考虑环境、社会和经济三个维度的影响。环境维度指标包括能源消耗、水资源使用、废物产生和碳排放等；社会维度指标考虑包容性、社区参与、员工权益和文化保护等因素；经济维度指标则关注经济效益、就业创造和投资回报等方面。此外，还可根据会展项目的具体特点，选取具有针对性的指标，如媒体关注度、市民关注度等。

权重分配：权重分配是确定各项指标在评价体系中重要性程度的过程。在绿色会展项目策划效果评价中，应根据各项指标对绿色效益的贡献度、影响力等因素进行权重分配。一般采用层次分析法（AHP）等方法，通过专家打分或问卷调查等方式，收集各方对指标重要性的看法，然后运用数学方法计算得出各指标的权重值。权重分配应确保评价体系的客观性和公正性，避免主观偏见对评价结果产生影响。

9.3　评价结果的运用与持续改进

在绿色会展项目的策划与执行过程中，对效果评价结果的运用与持续改进，是驱动项目迈向绿色卓越的关键因素。这一环节不仅有助于深入理解和全面反馈项目效果，更是指导项目团队不断优化策略、提升执行效率、实现可持续发展的重要基石。

评价结果的运用，首先体现在对项目策划与执行过程进行全面审视和客观反馈。它如同一份详尽的诊断报告，深入剖析项目在资源利用、环保实践、成本控制、市场反应和社会影响等多个维度的表现。这份报告为项目团队提供了宝贵的经验和教训，使其能够清晰认识到项目的优势与不足，为后续的改进和优化提供有力依据。

更为重要的是，评价结果的运用还是驱动项目团队持续改进、不断创新的重要动力。通过深入分析评价结果，项目团队能够更准确地把握市场需求的变化，更敏锐地洞察社会趋势的发展，从而制定出更加符合市场和社会期望的项目策略。同时，评价结果还能够揭示出项目在环保和资源利用方面的潜力与挑战，激励项目团队在未来的策划与执行中更好地践行绿色理念，实现经济效益与环保效益的双赢。

为实现持续改进，项目团队需要建立一套完善的评价机制，确保评价结果的客观性和准确性。同时，他们还需要积极拥抱变化，将评价结果转化为实际的改进行动，不断优化项目策划与执行过程。此外，项目团队还应注重与利益相关者的沟通与合作，共同推动项目的持续改进和创新发展。

9.3.1　评价结果的应用

在绿色会展项目策划中，评价结果的应用不仅是对项目效果的客观反馈，更是指导未来项目决策的重要依据。评价结果在项目管理决策与优化中的具体应用如下：

（1）指导项目调整与优化

1）资源分配：根据评价结果，主办方可清晰地看到哪些环节资源利用效率高，哪些环节存在资源浪费，这为其优化资源配置提供了直接依据。同时，评价结果还能帮助主办方识别出项目中可能存在的资源瓶颈，即资源供应不足或分配不均的问题。通过及时调整资源分配，可确保项目各环节顺利推进，避免资源短缺导致项目延误或质量下降。

2）流程改进：评价结果揭示了项目执行过程中的瓶颈和问题，使主办方能够针对性地优化策划、设计、施工、运营及拆除等各个环节。通过流程改进，可以提高项目的整体效率，缩短项目周期，降低成本，同时提升项目的质量和可持续性。

3）成本控制：评价结果提供了各环节成本效益的详细数据。通过分析这些数据，可以识别出哪些环节成本过高或效益不佳，并采取相应的改进措施。如某个环节的绿色材料成本过高，主办方可考虑寻找性价比更高的替代材料。通过采用绿色材料、节能技术等手段，在保证项目质量的同时降低总成本。这不仅有助于提升项目的经济效益，还能增强项目的环保表现和社会责任感。

（2）提升环保表现

1）环境影响评估：评价结果使主办方明确项目对环境的具体影响，如碳排放量、废弃物产生量等。这些数据为其制定减排措施提供了重要依据。如评价结果显示项目的碳排放量过高，则可以考虑采用更节能的设备或优化能源使用方式以减少碳排放。通过环境影响评估，可以更好地了解项目的环保表现，并有针对性地制定改进措施，确保项目符合环保标准和法规要求。

2）绿色技术应用：根据评价结果，主办方可以推广使用 LED 照明、节能空调等绿色技术。这些技术的应用不仅能减少能源消耗和污染排放，还能提升项目的环保形象和品牌价值。例如，在会展现场使用 LED 照明可以显著降低能耗，同时提供更舒适的光环境。通过不断引入和推广绿色技术，可以推动绿色会展项目的持续发展，并为行业的绿色发展树立榜样。

（3）增强品牌形象

1）提升公众信任度：绿色会展项目策划效果的评价结果是企业环保责任和可持续发展理念的直接证明。定期在企业官网或社交媒体上发布绿色会展项目的评价报告和环保成果，通过公开这些评价结果，主办方可以向公众展示企业在环保方面的努力和成果，从而提升公众对企业的好感度和信任度。一个具有良好环保形象的企业更容易获得公众的认可和支持，这有助于提升企业的品牌价值和市场竞争力。

2）吸引合作伙伴：优秀的绿色会展项目策划效果能够吸引更多注重环保和社会责任的合作伙伴。这些合作伙伴可能包括供应商、客户、投资者等。他们更愿意与具有环保理念的企业合作，共同推动绿色发展。一个注重环保的会展主办方可能更容易吸引到同样注重环保的参展商和观众。通过与这些合作伙伴的合作，利益相关者可以共同推动绿色会展项目的发展，实现资源共享和互利共赢。

（4）制定未来策略

结合评价结果和市场需求，主办方可以分析绿色会展项目的发展趋势。如评价结果显示绿色技术在会展中的应用越来越广泛，则可以预测未来绿色会展项目将更加注重环保和可持续性。通过趋势分析，能够为制定未来项目策略提供参考，确保项目符合未来市场的发展需求。

（5）风险预测与应对

评价结果还能帮助主办方评估潜在的环境风险和社会风险。若评价结果显示项目可能对当地环境造成一定影响，可以提前制定应对措施，如加强环境监测和治理等。通过风险预测与应对，主办方可以确保项目顺利进行，并降低潜在风险对项目的影响，有助于提升项目的稳定性和可持续性，为企业的长期发展奠定基础。

9.3.2 持续改进的机制

为确保绿色会展项目策划效果得以持续提升，必须建立一套科学、有效的持续改进机制。这一机制应涵盖反馈机制、激励机制以及标准与规范等多个方面，协同推动项目的不断优化和进步。

（1）反馈机制

1）内部反馈：建立项目团队内部的反馈渠道是持续改进的第一步。这包括定期召开团队会议、提交项目进展报告以及运用即时通信工具等方式，鼓励团队成员在日常工作中及时发现问题、报告问题，并提出改进建议。通过内部反馈，项目团队可以迅速识别并解决潜在的问题，确保项目策划的顺利进行。

2）外部反馈：除了内部反馈，外部利益相关者的意见同样重要。通过问卷调查、座谈会、在线评价等方式，广泛收集参展商、观众、合作伙伴等利益相关者的反馈意见，全面了解项目效果。这些反馈可以为项目团队提供宝贵的市场洞察和客户需求信息，帮助团队更准确地把握市场方向，优化项目策划。

3）数据分析：利用大数据和人工智能技术对项目数据进行深入分析，是持续改进的关键环节。通过对项目数据的挖掘和分析，可以发现潜在的问题和改进空间，为项目团队提供数据支持和决策依据。如分析参展商的满意度数据可揭示服务质量的提升空间，而观众流量数据则可以帮助优化展位布局和活动策划。

（2）激励机制

1）奖励优秀：为激发项目团队成员的工作积极性和创造力，应设立奖励机制，对在绿色会展项目策划中表现突出的个人或团队给予表彰和奖励。这不仅能增强团队成员的归属感和成就感，还能激励其他成员向优秀看齐，共同推动项目的持续改进。

2）鼓励创新：创新是推动绿色会展项目持续发展的核心动力。因此，应设立创新基金或奖励计划，鼓励项目团队探索新的绿色技术和设计理念。通过提供资金支持和奖励措施，可激发团队成员的创新意识，促使他们在项目策划中尝试新方法和新技术，为行业进步作出贡献。

3）培训与发展：为提升项目团队的整体素质和能力，应为团队成员提供绿色会展策划、环保技术等方面的培训和发展机会。通过培训，团队成员可以掌握最新的行业知识和技术动态，提高专业技能和综合素质。同时，鼓励团队成员参加行业交流和学习活动，拓宽视野，增强创新能力。

（3）标准与规范

1）制定绿色标准：会展业的绿色发展是中国经济各类产业绿色发展的重要组成部分，其核心在于在会展产业发展过程中实现资源与能源的有效利用，尽可能降低由于会展业本身发展带来的环境污染。2021 年 2 月，《国务院关于加快建立健全绿色低碳循环发展经济体系的指导意见》（国发〔2021〕4 号）明确提出"推进会展业绿色发展，指导制定行业相关绿色标准，推动办展设施循环使用"。产业发展离不开标准的引领与规范。该指导意见明确指出，会展业发展要制定相关行业标准，指明目前产业发展过程中还存在很多"不够绿色发展"的会展内容，对行业的可持续发展造成了一定的障碍。

不够绿色，可能体现在业界的近视效应，缺乏长远眼光与格局，可能体现在会展活动中资源浪费和物料的滥用，可能体现在过于注重经济效益而忽视环境影响，可能体现在运营环境中存在低价竞争和恶意诋毁等行为。如果这样的势头继续，产业将逐步走向没落。因而，绿色标准的出台将使得这一切"有法可依"。

为确保绿色会展项目的策划效果符合行业和社会期望，应参考国内外先进经验，结合行业实际情况，制定国家和地方层面的绿色会展项目策划效果评价标准和规范。这些标准和规范应涵盖环保、资源利用、社会影响等多个方面，为项目团队提供明确的指导和要求。

2）推广绿色认证：为提升绿色会展项目在行业内的认可度和竞争力，应鼓励项目团队申请绿色认证。通过获得权威机构的绿色认证，项目可以证明其在环保和社会责任方面的卓越表现，从而吸引更多的参展商和观众。同时，推广绿色认证还可以推动整个行业向更加绿色、可持续的方向发展。

【知识小结】

绿色会展项目策划效果评价是指对会展项目在策划、组织及实施过程中，围绕环境保护、社会公平与经济可持续发展三大核心目标所采取的措施及成效进行全面、系统评估的过程。该评价不仅考量会展项目在减少能源消耗、废物产生、碳排放等方面的环境绩效，还关注其对社区参与、文化保护、员工权益等社会层面的积极影响，以及经济效益、成本节约和投资回报等经济维度的表现。通过构建科学的评价指标体系，采用定性与定量相结合的方法，绿色会展项目策划效果评价旨在推动会展业向更加绿色、可持续的方向发展。

会展业绿色发展标准体系是指在会展行业中构建的一套旨在促进环境保护、资源节约和社会责任实践的规范和准则体系。这一体系通过引入可持续发展的理念和方法，全面考虑会展活动各个环节对环境的影响，包括服务、住宿、展台、展品、交通、活动和材料供应等各个方面，力求将对环境的负面影响降至最低。该体系不仅关注节能减排和资源循环利用，还强调环境教育和社会责任实践，以推动会展行业的绿色转型和高质量发展。通过制定和实施一系列绿色标准，如绿色展台设计标准、展览场馆安全管理标准等，会展业绿色发展标准体系为会展企业提供了明确的指导和方向，助力其实现经济效益和社会效益的协同发展。

【案例】

2024 年巴黎奥运会的六个可持续性细节

国际奥委会为塑造奥林匹克运动及奥运会的未来，使其更具可持续性、成本效益，并满足主办城市和社区需求，颁布了包含多项可持续建议的《奥林匹克 2020 议程》，例如，使用现有和临时场馆、减少碳排放和推广可持续能源等。

巴黎秉承"以少做多"的理念，完全遵循国际奥委会的战略路线，通过减少环境影响，同时最大化社会效益与经济效益，交付一场负责任的、可持续的且具有包容性的盛会。以下是巴黎实践《奥林匹克 2020 议程》的措施。

1. 减少排放

本届奥运会的碳足迹将比伦敦 2012 年奥运会和里约 2016 年奥运会的平均水平减少 50%，并与《巴黎协定》保持一致。赛事将涵盖所有碳排放，包括直接、间接和观众旅行排放。

2. 场馆

巴黎可持续发展和碳减排战略的一个关键方面是使用现有或临时场馆，这些场馆占总数的 95%。这一举措遵循了国际奥委会关于尽量减少新建场馆的建议，将使奥运会的碳排放至少减少 50%。

从标志性的 8 万座位的法兰西体育场（田径、残奥田径和七人制橄榄球的主场）到圣康坦自行车馆（将举办自行车比赛），巴黎奥运会将使用的所有场馆中，95% 的场馆要么是现有设施，要么是临时搭建并将在赛后拆除以供其他公共用途。即便是新建场馆，也以满足当地需求和循环再利用为原则。位于巴黎东北郊的水上运动中心和奥运村，都处于巴黎较为落后、缺少投资与建设的社区。

水上运动中心：拥有 4680 m^2 的太阳能电池板屋顶，提供场馆约 20% 的电力需求；座椅由回收的塑料瓶盖制成；基本框架和结构使用生物材料，如法国木材，采用凹形屋顶，自然加热空气，控制湿度，减少需要加热的空间；通过户外空气过滤系统减少环境影响；种植了 102 棵树，创建绿色空间，提供遮阴并吸引动物种群。

奥运村：与典型的法国建筑相比，碳排放减少了 30%；94% 的材料来自拆解后的回收；未来社区 15% 的电力消耗将通过屋顶太阳能电池板来满足；建筑材料包括木材和回收塑料，所有木材均来自生态管理的森林，其中至少 30% 为法国木材；使用地热冷却系统代替传统的空调；采用隔热外墙、冷却地板和绿地，以确保室内温度比室外低至少 6℃，适应 2050 年的预计气候条件；提供 6 hm^2 的绿地，包括 1.2 hm^2 的开敞地，提供荫凉区域并降低建筑温度；种植了 1000 棵大树和近 8000 棵小树和灌木，主要为本地植物种类。

3. 能源

巴黎将使用 100% 本地采购的可再生能源，强化其对可持续发展的承诺。所有场馆都连接到使用可再生能源的电网，从而显著减少碳排放。除了太阳能电池板，奥运村还采用地热冷却系统代替传统空调，进一步提高了能源效率。

4. 可持续的食品供给

巴黎在奥运会期间将实践可持续的食品供给措施。将观众的植物性食品量增加 1 倍，从食物来源上缩减碳排放；在餐具中减少 50% 的一次性塑料；赛事结束后，100% 的餐饮设备和基础设施将被再利用；提供免费的饮用水点，观众可以携带可重复使用的瓶子进入场馆。

5. 交通

所有巴黎 2024 年奥运场馆都可通过公共交通工具到达。这一举措不仅减少碳排放，还促进了社区的可持续交通选择。80%的场馆位于奥运村 10 km 范围内；拥有 418 km 的自行车道网络，包括 88 km 全新的自行车路线；在法兰西岛大区的所有比赛场馆为观众提供自行车停车位；奥运车队相较往届减少了 37%；使用由全球奥运合作伙伴丰田公司提供的电动、混合动力和氢能车辆。

6. 循环经济，减少、租赁与再利用

巴黎致力于通过减少新资源消耗，并确保设备和物品的再利用来实现循环经济对所需和现有资源进行详细的规划，以最小化新资源的消耗，并在赛前、赛中和赛后调节并尽可能地延长使用周期；迄今为止，90%的设备和物品已经确定了再使用的可能性；通过材料足迹追踪与计算和现有资源的再利用，将家具数量从 80 万件减少到 60 万件；将通过租赁或由体育联合会提供的方式满足 3/4 的体育设备需求。

资料来源：https://www.olympics.com/ioc/news/all-you-need-to-know-about-paris-2024-sustainability。

案例分析：巴黎 2024 年奥运会通过一系列精心设计的可持续性措施，深刻体现了《奥林匹克 2020 议程》的精神，展现了奥运会与环境保护、社会福祉及经济效益的和谐共生。通过减少碳排放、高效利用现有及临时场馆、推广可再生能源、实施可持续食品供给、优化公共交通以及促进循环经济，巴黎不仅大幅降低了赛事的环境影响，还促进了当地社区的经济复兴与可持续发展。

巴黎 2024 年奥运会不仅通过一系列可持续性措施展现了其对环境保护和社会责任的承诺，还通过建立绿色会展项目策划评价体系进一步强化了其绿色发展的路径。这一评价体系必然贯穿奥运会的筹备、举办及后续利用的全过程，确保了所有绿色措施的有效实施和持续改进。巴黎 2024 年奥运会不仅是体育竞技的盛宴，更是当代大型会展活动在可持续发展理念上的生动实践。

【任务测试】

1. 绿色会展项目策划效果评价指的是什么？有哪些内涵？
2. 绿色会展项目策划效果评价的必要性有哪些？
3. 绿色会展项目策划效果评价体系构建原则有哪些？
4. 绿色会展项目评价指标包含哪些？
5. 绿色会展项目策划效果评价方法包括什么？
6. 如何保证评价结果的运用与持续改进？

【任务拓展】

如何区分"绿色发展"、"可持续发展"、"高质量发展"、"生态会展"和"绿色会展"?

在中国会展经济蓬勃发展的背景下,你可能经常会在学界、业界听到一系列重要的关键词,包括"绿色发展""可持续发展""高质量发展""绿色会展""生态会展"等。这一组关键词具有明显的关联性,反映出当前中国会展业发展的一个重要方向——产业的生态化发展。下面对这组词进行细致辨析,以便让业界从业人员更清晰地理解它们的其关联性与差异性,减少思维混淆,朝着更明确的发展目标坚定前行。

绿色发展:强调在经济发展过程中注重生态环境保护,追求经济、社会和环境的和谐共生。它是可持续发展的中国化理论创新,以绿色低碳循环为主要原则,要求经济活动的过程和结果实现"绿色化"和"生态化"。

可持续发展:这一概念最早出现在 1980 年,指的是既满足当代人需求,又不损害后代人满足其需求能力的发展模式。它涵盖社会、生态和经济的可持续,强调发展的有限制性,追求生态效益、经济效益和社会效益的统一。

高质量发展:该理念于 2017 年提出,强调经济发展的质量和效益,而非单纯追求速度和规模。高质量发展要求经济具备活力、创新力和竞争力,并注重质量变革、效率变革和动力变革。绿色发展是高质量发展的重要组成部分。

绿色会展:特指会展业在发展过程中采取绿色措施,如绿色搭建、绿色展装等,以减少环境污染和资源浪费。它更侧重于会展活动本身的绿色化。

生态会展:相较于"绿色会展",生态会展的概念更为宽泛和全面。它不仅包括绿色会展的所有内容,还强调会展业的整体生态化,包括优质资源整合、上中下游企业协调、数字化管理等,追求会展业经济效益、社会效益与生态效益的统一。

总体来说,"绿色发展"是总体理念,强调经济活动的绿色化;"可持续发展"是宏观战略,追求发展的长期性和可持续性;"高质量发展"是新时代经济发展的方向,强调质量和效益;"绿色会展"是会展业绿色发展的具体实践;"生态会展"则是对绿色会展的进一步扩展和深化,涵盖了会展业生态化发展的各个方面。这些概念在会展经济发展中相互关联、相互促进,共同推动会展业向更加绿色、可持续、高质量的方向发展。

资料来源:https://view.inews.qq.com/k/20230711A039OC00?noredirect=1&web_channel= wap & openApp=false(作者根据资料改编)。

任务：学生通过策划一场以"绿色生态·未来会展"为主题的展览，展示会展业在绿色发展、可持续发展、高质量发展以及绿色会展、生态会展方面的最新成果与未来趋势，促进业界交流与合作，共同推动会展行业的绿色生态转型。展览内容可包括集中展示国内外会展业在绿色搭建、绿色展装、资源循环利用、数字化管理等方面的最新技术和成功案例等。

【实训】

通过模拟绿色会展从策划到实施的全过程，让学生深入理解绿色会展的核心理念、操作流程及效果评估方法，从而提升学生的项目策划能力、团队协作能力、市场调研能力及环境管理能力。项目阶段与任务如下。

1. 项目启动与团队组建

任务：组建项目小组，明确分工（如项目经理、策划组、市场调研组、宣传推广组、后勤保障组等）；召开项目启动会议，明确项目目标、时间线、预算及评价标准。

实践：利用项目管理软件建立项目看板，规划各阶段任务与负责人。

2. 绿色会展理念学习与案例分析

任务：研究绿色会展的定义、原则、国内外成功案例；分析这些案例在材料选择、能源利用、废物处理、环保宣传等方面的具体措施。

实践：小组汇报分享，制作 PPT 或短视频展示学习成果，促进知识共享。

3. 市场调研与需求分析

任务：

线上调研：通过问卷调查、社交媒体分析等方式，收集目标参展商、观众对绿色会展的期望与关注点。

实地调研：访问同类会展，观察其绿色实践情况，收集第一手资料。

需求分析：基于调研结果，明确会展主题、规模、目标群体及绿色会展特色亮点。

实践：提交市场调研报告，包括数据统计分析、SWOT 分析、目标客户画像等。

4. 绿色会展策划方案设计

任务：

场地规划：考虑展位布局、人流动线、绿色设施（如太阳能充电站、雨水收集系统）设置。

材料与能源：选择可降解或可回收材料搭建展位，规划节能照明、清洁能源使用方案。

环保宣传：设计绿色宣传材料、互动环节，提升公众环保意识。

应急预案：制定垃圾分类、污染防控等环保应急预案。

实践：绘制平面图、流程图，撰写详细策划书，并进行小组内部评审与修改。

5. 实施准备与模拟演练

任务：

物资准备：根据策划方案采购或租赁所需物资。

团队培训：进行绿色会展知识、操作技能及应急预案培训。

模拟演练：组织模拟布展、撤展过程，检验策划方案的可行性与效率。

实践：记录演练过程中的问题，及时调整方案。

6. 项目实施与效果评估

任务：

现场执行：按照策划方案执行会展，确保各项绿色措施落地。

效果监测：收集参展商、观众反馈，监测能源消耗、废物产生与回收情况。

效果评估：对比预设目标，评估会展绿色化程度、参与度、满意度及环境效益。

实践：撰写项目总结报告，包括成效分析、经验教训、改进建议等，并进行小组展示汇报。

7. 评估与反馈

过程评价：依据各阶段任务完成情况、团队合作、创新思维等方面给予评分。

成果评价：基于策划书、市场调研报告、总结报告及展示汇报的质量进行综合评价。

自我反思：鼓励学生撰写个人心得，总结学习过程中的收获与不足。

外部评审：邀请行业专家或往届优秀学生作为评委，提供专业意见与建议。

参考文献

[1]　佚名. 会展效果的评估方法[J]. 中国安防产品信息，2005（5）：21-22.

[2]　杨强. 建筑电气节能设计及绿色建筑电气技术分析探讨[J]. 陶瓷，2023（9）：178-180.

[3]　徐龙瑞. 建筑节能技术与绿色设计策略研究[J]. 工程建设与设计，2023（18）：11-13.

[4]　宋占. 强绿色节能技术在民用建筑电气设计中的应用研究[J]. 建筑·建材·装饰，2023（5）：130-132.

[5]　蒲波，吴倩，纪思宇，等. 绿色会展的绿色感知价值与观众重复观展意愿：绿色意识、绿色信任的中介效应[J]. 乐山师范学院学报，2022，37（4）：92-102.

[6]　王翔. 绿色会展发展的困境与对策研究[J]. 商展经济，2023（24）：7-10.

[7]　范娜娜，冯诗咏，魏唯，等. 绿色发展背景下的会展业循环经济与实践研究：以广州市琶洲展馆项目为例[J]. 现代商业，2021（35）：49-53.

[8]　唐雪. 践行绿色理念，打造生态会展[J]. 中国会展，2021（5）：54-55.

[9] 肖龙, 刘慧英, 吴锦兰, 等. 中国绿色会展发展现状、存在问题与优化对策[J]. 商展经济, 2021（4）: 4-6.

[10] 陈学清. 循环经济视角下绿色会展发展研究[J]. 今日财富, 2021（2）: 217-218.

[11] 王军强, 徐莉莉, 申强, 等. 茶业会展经济可持续发展对策研究[J]. 江苏商论, 2020（2）: 25-27.